博
士

# 中国经济增长中的人力资本适配性研究（第二版）

*Zhongguo Jingji Zengchang De Renli Ziben Shipeixing Yanjiu*

杨　爽■著

文
库

西南财经大学出版社
SOUTHWESTERN UNIVERSITY OF FINANCE & ECONOMICS PRESS

图书在版编目(CIP)数据

中国经济增长中的人力资本适配性研究/杨爽著.—2版.—成都:西南财经大学出版社,2015.3
ISBN 978－7－5504－1785－4

Ⅰ.①中… Ⅱ.①杨… Ⅲ.①人力资本—研究—中国②经济增长—研究—中国 Ⅳ.① F249.21②F124

中国版本图书馆 CIP 数据核字（2015）第 015832 号

中国经济增长中的人力资本适配性研究(第二版)

杨 爽 著

责任编辑:李　才
封面设计:杨红鹰　张姗姗
责任印制:封俊川

| | |
|---|---|
| 出版发行 | 西南财经大学出版社(四川省成都市光华村街 55 号) |
| 网　址 | http://www.bookcj.com |
| 电子邮件 | bookcj@foxmail.com |
| 邮政编码 | 610074 |
| 电　话 | 028－87353785　87352368 |
| 印　刷 | 北京业和印务有限公司 |
| 成品尺寸 | 148mm×210mm |
| 印　张 | 7.625 |
| 字　数 | 185千字 |
| 版　次 | 2015年4月第2版 |
| 印　次 | 2015年4月第1次印刷 |
| 印　数 | 1—3000册 |
| 书　号 | ISBN 978－7－5504－1785－4 |
| 定　价 | 46.00元 |

# 摘　要

　　经济增长意味着财富的积累和福利的改善，是人类追求的共同目标。因而，是什么最终促进了经济增长和怎样实现持续稳定的经济增长，一直是理论与实证研究的重要课题。

　　古典经济学家们开创了对长期经济增长的研究，构建了经济增长理论的一般框架。但随着人类经济社会的演进，传统的经济增长理论越来越难以解释现实的经济增长现象，出现了一系列的经济增长之谜，如"经济增长余值之谜"、"列昂惕夫之谜"等，人力资本理论由此应运而生。该理论从人力资本的角度解释了经济增长之谜，认为经济增长中最关键的因素是人的因素。这一发现重新唤起了学术界对长期经济增长问题研究的热情，最终推动了内生经济增长理论的形成，确立了人力资本与经济增长关系研究的基本范式。

　　然而，这一研究范式存在一定的局限性。人力资本是抽象的人类能力，理论与实证研究要求将其具体化，但至今仍没有形成统一和令人信服的衡量标准。现有研究通常将人力资本视为一种存量，主要从受教育程度、人力资本投资和劳动力价值去度量它，并认为通过提高受教育程度，加大人力资本投资就能够促进经济增长。但我们注意到，一些劳动力受教育程度和人力资本投资水平都不高的地区却有着很强的经济活力，表现出较高的经济实力和较强的经济增长潜力。因此，人力资本水平的高低不是简单地取决于受教育程度的高低或是投资的多寡，而是其"合适性"和"有效性"。与经济增长需求相适应的人力资本，即合适的有效的人力资本就是高水平的人力资本，这是在以往研究中未被注意到的人力资本特质。

为此，本书提出"人力资本适配性"概念来反映人力资本的内核，即人力资本在经济增长中的"合适性"和"有效性"，并对中国经济增长中的人力资本适配性进行了实证研究，以期发现和验证人力资本适配性在经济增长中的作用及其作用机理。

本书首先对人力资本适配性的概念和特征进行了界定，明确了经济增长阶段、环境和背景在人力资本适配性研究中的重要性，并根据人力资本与经济增长的互动关系确立了二者的适配路径。在此基础上，充分考虑知识经济背景下中国经济增长的特殊性及其对人力资本适配性的要求，利用中国30个省市自治区（不包括西藏）1978—2007年的基础数据构建了中国经济增长中的"人力资本适配度"指数，用以衡量中国人力资本适配性的高低。通过对人力资本适配度与经济增长影响因素的相关分析，明确了人力资本适配度在经济增长中的作用机理。在此基础上借鉴索洛模型与卢卡斯模型建立了包含人力资本适配度的中国经济增长模型，并证实中国经济增长中存在显著的人力资本适配度门槛，由此将中国各省市区划分为人力资本适配度门槛上与门槛下地区。通过对两区域人力资本适配度影响因素的进一步分析，发现两区域有着非常不同的人力资本适配性培养诉求。为寻求与两区域经济增长需求相适应的人力资本适配性培养模式，根据其各自所处的经济增长阶段与经济增长特征，分别提出了不同的人力资本适配性培养模式：人力资本适配度门槛之上的地区应采取"科技引领技术创新带动型"人力资本适配性培养模式；人力资本适配度门槛下的地区则应采取"政府主导产业变革推动型"人力资本适配性培养模式。并对政府在其中所起的不同作用进行了分析和阐释。

本书主要的创新点在于：①从人力资本适配性的角度解释经济增长，与以往研究相比，突出了具有"合适性"与"有效性"的高水平人力资本在经济增长中的作用，更加符合人力资本的特性；②尝试建立的人力资本适配性基本理论框架，补充和丰富了现有人力资本理论与经济增长理论；③检验并证实了中国经济增长中存在人力资本适配度门槛，并通过人力资本适配度单门限两区制经济增长模型解释了20世纪90年代以来中国地区经济增长差距持续拉大的"趋异"过程，更加贴近中国经济增长现实情况，从而提高了经济增长模型的解释能力；④根据人力资本适配度门槛上与门槛下地区不同的人力资本适配性培养需求构建了不同的人力资本适配性培养模式，对政府宏观政策的制定有较强的指导意义和参考价值。

本书不足之处主要在于：由于参考文献与研究资料的欠缺，以及时间与经验的限制，人力资本适配性研究的理论框架还比较稚嫩和单薄，在人力资本适配度指标体系的稳定性上还缺乏深入研究。这些不足之处都需要假以时日逐步完善。

**关键词：经济增长；人力资本；适配度；经济增长模型；适配度门槛**

# Abstract

Economic growth, the common goal pursued by the mankind, means wealth accumulation and welfare improvement. What ultimately promotes economic growth and how to achieve sustained and stable economic growth have always been the important subjects in theoretical and empirical research.

The classical economists pioneered the study of long-term economic growth, building a general framework of economic growth theory. However, with the evolution of the human economy and society, the traditional theory of economic growth was found more and more difficult to explain the phenomenon of real economic growth, and some economic growth puzzles occurred, such as "the mystery of economic growth residual value", "Leontief mystery", etc. Human capital theory thus emerged, explained the mysteries of economic growth from the perspective of human capital, and confirmed that the most critical factor in economic growth is the human factor. This discovery revived the enthusiasm of academic studies on the long-term economic growth, and ultimately promoted the formation of endogenous economic growth theory, established the basic research paradigm in the relationship between human capital and economic growth.

But this research paradigm had some limitations. Human capital is an abstract of human capacities. Theoretical and empirical research proposed the requirements of specifying it. But we still failed to form a unified and convincing measurement. Existing studies typically defined human capital as a concept of stock, and measured the human capital mainly from the perspectives of educational attainments, human capital investments and labor values. They reckoned that increasing the level of education and investment in human capital would be able to promote economic growth. But we noted that some regions where labors had no high level of education and human capital investments showed strong economic vitality, high level of economic strength and strong economic growth potentiality. Therefore, the level of human capital is not simply decided by the level of education or the amount of investment, but its appropriateness and effectiveness. Appropriate and effective human capital which was compatible with economic growth in the demand for human capital was regarded as high-level human capital, and this was not noted as a unique human capital characteristic in previous studies.

So, this book proposed the concept of "human capital fitness" to reflect the "appropriateness" and "effectiveness", the core of human capital, and carried out an empirical study on the human capital fitness in China's economic growth to discovery and verify the role and mechanism of the human capital fitness in economic growth.

In the course of study, we first defined the concept and characteristics of human capital fitness, and also the importance of economic growth environment and background in human capital fitness research. On the basis of interactive relationship analysis between the human capital and economic growth, we established the matching path between them. After that, we gave full consideration to the context of knowledge-based economy, the particularity of China's economic growth and its impact on the requirements of human capital fitness, and made use of the basic data of China's 30 provinces and autonomous regions (the Tibet excluded) from 1978 to 2007 to construct the "human capital fitness index" to measure the matching degree of China's human capital in economic growth. We also analyzed the role and mechanism of human capital fitness in economic growth by introducing correlation ananlysis on the relationship between human capital fitness and the economic growth factors. Drawing on the experience of Solow Model and Lucas Model, we established China's economic growth model including human capital fitness, and verified a significant human capital fitness threshold in China's economic growth. Thus we classified the provinces and autonomous regions into two regions, over the human capital fitness threshold or below it. Through the further analysis on the influencing factors of human capital fitness for the two regions, we found that they had very different demands for human capital fitness.

To search for the human capital cultivation patterns which were matching the economic growth demand well of the two regions respectively, we analyzed the economic growth stage and characteristics of the two regions, and proposed different human capital fitness cultivation patterns for them. In the over-threshold region, it was appropriate to adopt a "science leading and innovation bringing" human capital fitness cultivation pattern. While for the below-threshold region, it was suitable to adopt a "government guiding and industry reformation promoting" human capital fitness cultivation pattern. We also analyzed and illustrated the different roles of government in the two patterns.

The main innovations of this dissertation were: ( 1 ) Try to explain economic growth from the perspective of human capital fitness. Comparing with previous studies, this dissertation highlighted the roles of high-level human capital with "appropriateness" and "effectiveness" in economic growth. This was more in line with the characteristics of human capital. ( 2 ) The human capital fitness research framework which was established with an effort complemented and enriched the existing human capital theory and the theory of economic growth. ( 3 ) Tested and confirmed the existence of human capital fitness threshold in China's economic growth. Explained the "divergence" process which was the symbol of continuing enlargement of the regional disparity since 1990's in China's economic growth through a human capital fitness single-threshold two-regime model. Thus enhanced the explanatory power of economic growth model. ( 4 ) Constructed different human capital fitness cultivation patterns according to the different demand for human capital fitness of the over-threshold region and the below-threshold region. Provided stronger guiding significance and reference value on the government's macro policy-making.

The main shortcomings of this dissertation were: Due to lack of references and research materials, also restrictions on time and experience, the human capital fitness framework was still immature and thin. And the dissertation is lack of in-depth study on the stability of

the human capital fitness index. These deficiencies need time to be
improved gradually.

**KEYWORDS:** economic growth, human capital, fitness
degree, economic growth model, fitness
threshold

Abstract

# 目 录

# 第四章 人力资本适配度与经济增长影响因素相关性 分析 85

# 第一章
## 总　论

## 1.1　选题背景

　　自古典经济学家开创了经济增长的研究框架以来，经济增长在很长一段时间成为人们关注的重要主题。然而随着人类经济社会的演进与发展，传统经济增长理论越来越难以解释经济增长现象，由此产生了一系列的经济增长之谜，如"经济增长余值之谜"、"列昂惕夫之谜"等。以舒尔茨等人为代表的人力资本理论开始从知识、技术进步和人力资本等方面寻找经济增长的原因，并最终促进和推动了新经济增长理论的产生和发展。对长期经济增长的关注因内生经济增长理论的出现而被再次点燃，学者们纷纷从人力资本与技术进步的角度寻找实现长期经济增长的途径。基于对长期经济增长的关注，本书选择研究中国经济增长与人力资本之间的关系。

　　随着知识经济的悄然来临，伴随生产方式的巨变，人力资本在经济增长中的作用及其作用机制都有了很大的变化。知识在经济增长中发挥着越来越重要的作用；同时，经济全球化加快了知识的积累与传播速度，发达国家先进技术通过资本与贸易渠道向发展中国家扩散的外溢效应更加明显，对发展中国家人力资本在知识经济背景下经济增长中的"合适性"和"有效性"提出了更高的要求。

　　自改革开放以来中国虽然已经实现了 30 年的高速经济增长，但高投入、高消耗的生产方式却始终难以转变。自 20 世纪 80 年代以来，中国虽努力转变经济增长方式，但经济增长质量与效益仍未见显著提高。而 20 世纪 90 年代以后出现的各地区经济增长差距持续拉大的现象也进一步表明，人力资本适配性的欠缺和配置不均使落后地区知识积累能力恶化，经济增长陷入"人力资本陷阱"难以摆脱。应当看到，未来十年是劳动年龄人口比重持续提高带来的最后的人口红利期，更是把握人口转变契机，加强人力资本培育，应对知识经济与全球化挑战的关键时期。因此，对中国人力资本适配性及其在经济增长中的作用和差异进行正确衡量与评估，探求有效的人力资本积累模式与途径显得尤为重要和迫切。

现有研究欠缺对人力资本"合适性"与"有效性"的直观描述和对人力资本适配性的综合评价，导致了人们在认识人力资本规模和水平，判断人力资本对经济增长的贡献上存在较大的模糊性。这给本书提供了较大的研究空间。

本书正是基于知识经济与全球化持续深化过程中人力资本适配性在经济增长中的重要性，以及现有研究方法的欠缺而选择了这一研究主题。

## 1.2　研究目的与研究意义

### 1.2.1　研究目的

本书试图从人力资本适配性的角度解释经济增长，尝试建立一个描述和度量经济增长中人力资本适配性的一般框架，并将这一框架用于中国人力资本与经济增长关系的研究中，探求合适的人力资本适配性培养模式。本研究欲达到以下目的：

（1）形成较为明确的用于描述和度量人力资本适配性的研究框架和研究方法，并对中国人力资本的适配度进行量化分析。

（2）将人力资本适配度引入经济增长模型，就人力资本适配性在中国经济增长中的影响程度和影响方式进行分析和研究。

（3）研究人力资本适配度的来源和形成机制，揭示中国经济增长中有效人力资本形成和供给的基本规律，探寻合适的人力资本适配性培养模式。

## 1.2.2　研究意义

### 1.2.2.1　理论意义

首先，本书从人力资本的适配性角度出发研究人力资本在经济增长中的作用，以知识经济与全球化为背景，重新审视了人力资本对经济增长的作用机制，丰富和发展了人力资本与经济增长关系研究的理论框架。其次，本书在综合比较人力资本计量方法的基础上，基于人力资本对经济增长的适配路径构造了人力资本适配度指数。因此，本书在拓展人力资本内涵、拓宽研究视野和进一步完善人力资本计量研究方法方面有着较为重要的理论意义。

### 1.2.2.2　实践意义

本书所提出的人力资本适配性研究的主要目的在于发掘人力资本的"资本性"、"异质性"和"可变性"，认为只有能够发挥出来用于生产实践和创新活动的，"有效的"人力资本才是知识经济时代经济持续增长的源泉。因此，识别经济增长中这种"有效"人力资本的现状显得尤其重要。本研究的实践意义在于：

（1）通过对人力资本适配性与经济增长关系的量化研究，明确了人力资本适配性培养的重要性，为落后地区摆脱"贫困陷阱"提供了新的思路和途径。

（2）揭示了中国经济增长中人力资本适配性的表现、特征和主要来源，明确了人力资本适配性培养目标，为选择合适的人力资本适配性培养模式提供了依据。

（3）明确了中国经济增长中人力资本适配性的区域差异，

提出应因地制宜进行人力资本适配性培养的建议，在政府宏观决策与政策制定上有着较为重要的参考价值。

## 1.3 国内外研究综述

目前尚无直接研究人力资本与经济增长适配性的研究成果。本书是从人力资本适配性角度研究人力资本与经济增长的关系，因此主要就国内外文献中人力资本与经济增长关系的研究成果、研究方法对本书的借鉴意义进行介绍和说明。

### 1.3.1 国外研究动态

#### 1.3.1.1 人力资本与经济增长关系研究的基本框架

对人力资本与经济增长关系的重视和研究主要缘于人力资本理论与经济增长理论研究的进步与融合。人力资本理论和内生经济增长理论的形成和发展推动了对长期经济增长关注的升温，统计资料的完备以及计算手段的进步使得人力资本与经济增长关系的研究开始兴起，形成了基本的研究框架。

（1）人力资本理论的贡献

从 20 世纪 50 年代开始的人力资本理论研究主要是从两个方面展开：一是在收入分配领域建立的人力资本理论框架，包括人力资本收益率的测算、人力资本的工资决定、职业培训与正规教育对收入分配的影响、家庭和个人人力资本投资决策问题等。以雅各布·明塞尔为重要代表人物，舒尔茨和贝克尔也有相关论述。二是以人力资本在经济增长中的贡献和作用为研究内容，如舒尔茨对教育贡献率的测算、丹尼森对经济增长因素的分解等。舒尔茨应用经济增长余额分析法核算出美国 1929——

1956 年国民收入增长的 21%～40%应归功于为增加人力资本存量而进行的教育投资（M. J. Bowman，1964），这一数据在世界各国被广泛引证。丹尼森应用增长因素分析法估计了 1929—1957 年间美国劳动者质量的提高（人力资本的提升）对国民收入的贡献为 23%，再加上知识进展中人力资本效应的贡献为12%，人力资本对经济增长的总贡献达到 35%（李福柱，2006）。

库兹涅茨（Kuznets）（1989，1995）在其著作《现代经济增长》和《各国经济增长》中，认为影响经济增长的因素主要包括有用知识和科学的累积形成的技术创新、生产率的提高和结构的变化。新知识和技术革新要带来人均产值的增长需要经过一系列中间环节，例如对劳动者的教育和训练，对物质资本的投入和知识应用的判断等。经济增长的主要贡献是劳动生产率的提高，而生产率的提高则源于劳动力受教育程度的提高、规模经济和技术与知识的普及等。结构的转换也离不开技术革新与发明，以及适应新产业或产品生产与开发的专业化劳动者或人力资本。

（2）内生经济增长理论的贡献

以索洛为代表的新古典经济增长模型注意到技术进步在经济增长中的重要作用，并测算了技术进步的贡献率。但新古典模型并没有解释技术进步的发生机制，从而被看做外部给定的变量，使经济增长问题仍然不能得到满意的解释。正如阿罗所言："把一个非常重要的变量完全归因于时间，在学术上是难以令人满意的。"此后阿罗（1962）在其《边干边学的经济含义》一文中提出了"边干边学"的概念，将技术进步解释为"边干边学"的结果，认为随着投资和生产的不断扩大，新知识将不断被发现，从而形成经济收益递增的可能，由此将技术进步解释为全社会资本存量的函数。谢辛斯基则进一步对阿罗模式进行了简化和扩展。而宇泽弘文在其模型中引入了教育部门，认为技术变化源于专门生产思想的教育部门，教育部门所产生的新知识会提高生产率，而教育部门发展所带来的人力资本积累能带来人均收入的持续增长（陆根尧，2004）。以上模型对技术变化提供了内生解释，但仍无法摆脱"没有人口增长就没有长期经济增长"的限制。

为更加完美地解释经济增长的源泉，于20世纪80年代出现的内生经济增长理论将经济增长因素内生化，认为技术进步、知识积累和人力资本是经济增长的源泉，其外部效应所带来的规模报酬递增是经济持续增长的动力和原因。由于对技术进步、知识积累和人力资本因素作用的认识不同而形成了不同类型的内生经济增长模型。借鉴陆根尧（2004）和谭永生（2007）的研究，将内生经济增长模型大致划分为五种类型：一是以罗默、斯多克和杨为代表的知识外溢与"干中学"模型，主要沿袭宇泽模型和阿罗模型的基本思想，认为知识外溢和"边干边学"所带来的知识积累是经济增长的主要源泉。二是以格罗斯曼、赫尔普曼和赫维特为代表的技术进步内生化模型，着重研究以新产品出现和产品质量不断提高为表现的技术进步，强调研究与开发部门在技术进步形成上的作用。三是以卢卡斯为代表的人力资本内生化经济增长模型。卢卡斯（1988）将人力资本作为生产要素直接引入经济增长模型，度量其直接产出作用和外部效应，认为一国经济增长不需要依赖人口增长，只要有持续的人力资本积累即可实现长期经济增长。罗默（1990）提出的知识驱动模型也是利用卢卡斯模型的基本框架研究技术进步和经济增长。四是内生分工与专业化模型，强调分工与专业化在技术进步过程中的重要作用。舒尔茨在1987年重提艾林·杨格在1928年的经典文章，强调经济增长应该源自专业化、劳动分工和递增收益，认为专业化和劳动分工有助于加速知识积累，从而突破经济增长的限制。此后出现了以杨小凯—博兰德（1991）、贝克尔—墨菲（1992）为代表的分工与专业化内生增长模型。五是以阿洪和赫维特（1998）为代表的反映熊彼特"创造性毁灭"思想的内生经济增长模型。

因此，内生经济增长理论中关于人力资本与经济增长的关系大致有两种观点：一种观点是以卢卡斯为代表的"直接论"者，认为人力资本积累是经济增长的直接驱动力，将人力资本视为一种生产要素，在经济增长中既有直接产出效能也对其他增长要素发挥着外溢效应，使规模报酬递增；另一种观点是以罗默为代表的"间接论"者，认为推动经济增长的直接动力是技术进步和知识积累，人力资本是"知识"积累的关键因素。"知识"具有溢出效应，使得人力资本能够通过"知识"和技术进步对经济增长发挥作用。

（3）简要述评

国外人力资本与经济增长关系的研究为我们提供了研究的理论基础和基本框架，其主要贡献在于从理论上证明了人力资本在技术进步、知识积累及由此形成的经济增长中的重要作用。而经济增长理论的大发展则为将人力资本纳入经济增长模型提供了理论基础和实证研究工具。现代经济增长模型中已无法回避人力资本因素，卢卡斯、罗默等大师创造性的研究为人力资本与经济增长关系的研究奠定了理论模型基础。此后的研究中，以不同形式表现的人力资本变量被纳入新古典经济增长框架中，得出了许多不同的结论。而本书关于人力资本适配性及其在经济增长中的作用也正是遵循了这一基本框架，在构建人力资本适配度指数的基础上借鉴人力资本型内生经济增长模型，通过实证分析验证了人力资本适配性在中国经济增长中的重要性及其门槛效应，从而有针对性地分区域提出人力资本积累与提升模式，得出更有价值的结论。

### 1.3.1.2　人力资本与技术进步的合适性研究

在经济全球化的进程中，国家和地区之间的投资与贸易往来日益频繁。在研究中，人们发现从发达国家向发展中国家的技术扩散对发展中国家的经济增长和人力资本形成都产生了显著影响。根据许学军（2003）的研究，早在1973年，舒梅切尔就尖锐地批评了发展中国家为实现技术追赶而制订的大型资本密集型投资计划，因为发展中国家劳动力素质低，加之缺乏市场容量和金融支持将使这些计划难以实施。本海博和斯比格尔的研究表明，人力资本能够提高发展中国家吸收和应用发达国家先进技术的能力（许学军，2003）。伯恩斯坦（Borensztein etal，1998）认为国外直接投资和人力资本水平之间存在强烈互补性，只有当东道国的人力资本水平达到一定水平时，国外直接投资才可能推动其经济增长（许学军，2003）。埃希莫格鲁和兹利博蒂更加明确地指出发达国家向发展中国家传递的技术都是人力资本偏向型技术，当发展中国家人力资本水平与技术不能匹配时，会影响发展中国家应用先进技术的能力，从而进一步拉大发达国家与发展中国家生产率的差距（许学军，2003）。而卢卡斯（1990）也曾指出一国或地区的人力资本应当与物质资本相适应，并用人力资本的不适应性解释了20世纪80年代后期出现的"资本回流"现象。巴罗和萨拉伊马丁（2002）的研究表明一国或地区的初始人力资本水平对技术进步乃至经济增长能力都有着显著的影响。

人力资本与技术进步的合适性研究主要是在知识外溢与技术进步条件下针对发展中国家如何发挥人力资本作用的深入研究。研究结论表明：发展中国家必须具备一定的人力资本基础才能吸收和利用国外先进技术；反之，则可能使本国经济掉入低增长陷阱。人力资本与技术进步的合适性研究源于人们对有效发挥人力资本作用必须具备的初始条件的深入思考，正是由于这些研究的启发，形成了本书对人力资本适配性展开研究的基本出发点，即劳动者的人力资本水平必须与知识积累和技术水平相适应才能切实促进技术进步和经济增长。

### 1.3.1.3 人力资本计量与实证分析研究动态

在人力资本研究中，关于人力资本计量及其在经济增长中的实证研究成为近年来的研究热点。人力资本由于其难以计量的特性也吸引了众多学者从多个角度研究和设计计量方法，而人力资本计量方法的差异使实证研究结论各不相同。总结有代表性的研究，我们发现对人力资本的计量方法大致可分为两类，一是对人力资本存量的估算和计量方法，一是综合反映人力资本特征用于综合评价与比较分析的指数法。

（1）人力资本存量计量与实证分析动态及述评

Mireille Laroche 和 Marcel Mérette（2000）将西方国家人力资本研究中使用的计量方法总结为三大类型：一是基于舒尔茨关于人力资本投资思想的"成本法"（cost-based approach）；二是以教育成就为形式的"产出法"（output-based approach），类同于国内研究中所提出的"教育存量法"和"指标代替法"；三是基于英国统计学家威廉·法尔的人力资本经济价值计算方法的"收入法"（income-based approach）。

"成本法"是各项人力资本投资费用总和，最早提出成本法的是 Engel（1883）。Kendricks 运用成本法估算了美国 1929 年人力资本投资占总投资的比例为 45.2%，占 GNP 的比例为 19.8%，1969 年人力资本投资占总投资和 GNP 的比例分别为 49.6% 和 24.5%。考虑人力资本贬值的可能，Kendricks 和 Eisner 分别提出了不同的人力资本折旧方法来计算人力资本存量（Mireille Laroche 和 Marcel Mérette，2000）。

"产出法"则主要衡量教育成就形式的人力资本，通常有两种处理方法：一是采用成人识字率或各级学校入学率作为衡量人力资本水平的指标，一是采用平均受教育年限来衡量人力资本水平。前者由于数据的广泛可得性，常用于包含人力资本因素的跨国回归分析，如 Barro 1991 年的研究、Mankiw，Romer 和 Weil 1992 年的实证研究即是采用学校入学率作为人力资本水平的代表，而 Romer1989 年的研究、Azariadis 和 Drazen 1990 年的研究则是将成人识字率作为人力资本的近似代表（Mireille Laroche 和 Marcel Mérette 2000）。采用平均受教育年限来计量人力资本，如 Psacharopoulos 和 Arriagada 于 1986 年和 1990 年的研究（Mireille Laroche 和 Marcel Mérette，2000），此后围绕受教育年限进行精细化分析的还有 Lau，Jamison 和 Louat、Kyriacou、Barro 和 Lee、Koman 和 Marin（Mireille Laroche 和 Marcel Mérette，2000）以及 Daniel Cohen 和 Marcelo Soto（2007）等。安格斯·麦迪森则考虑了不同等级教育所带来的劳动非同质性，根据不同受教育程度劳动报酬的差异给出了折算系数并计算出受教育当量年。Mireille Laroche 和 Marcel Merette（2000）在 Koman 和 Marin 的方法基础上提出了同时考虑受教育程度和工作经验所形成的人力资本，对加拿大人力资本存量进行了估算。

"收入法"是将劳动者在劳动力市场上所获取的终生收入贴现来计算其人力资本价值。Jorgenson 和 Fraumeni 设计了模型采用收入贴现的方法来计算人力资本存量，而 Mulligan 发展了劳动收入模型以计算美国人力资本存量（Mireille Laroche 和 Marcel Mérette，2000）。由于这一方法在理论上较为完备，且具备详尽的人口与劳动统计资料，近年来为西方学者广泛采用。如 Silva（2004）对葡萄牙人力资本存量的估算，Trinh 等（2005）对新西兰人力资本存量的估算，以及 Wei（2008）对澳大利亚人力资本存量的估算。

从西方人力资本计量研究方法的发展趋势来看，"收入法"的重要性日益突出，近年来发展迅速，成为人力资本计量的主流方法。该方法在理论上较为完备，将重点放在人力资本的市场价值上，计量符合市场需要的人力资本，自动识别不符合市场需要的、因知识老化健康状况下降而贬值的人力资本，较为准确地把握人力资本的实际有效投入，是一种较为科学合理的方法。美国、加拿大、新西兰等重视人力资本统计的发达国家，其人口、劳动力及薪酬统计资料较为完备，为劳动报酬方法在实证分析中的应用提供了便利，因此该方法在西方国家应用较为普遍。相对而言，"成本法"可能过高估计人力资本存量，"产出法"则可能过低估计人力资本存量。因为相同的人力资本投资不一定形成相同的工作能力和学习能力，仅衡量受教育情况无法反映经验、健康所带来的劳动能力的提高。

（2）人力资本综合评价指数法研究动态及述评

对人力资本进行计量的另一个途径则是根据人力资本的表现及特征利用指标体系与综合评价方法计算人力资本指数，并用于综合评价与比较分析。国外较有影响力和代表性的人力资本指数主要有世界银行"全球知识经济指数"（KEI）中的人力资源竞争力指数（每年发布）以及英国著名咨询机构罗伯特·哈金斯协会所构建的"全球知识竞争力指数"（WKCI）（2002—2009年）中的人力资本竞争力指数。KEI指数相对简单，仅设计了三项指标，从成人识字率和中高级教育的入学率来反映人力资源的竞争力，较为粗略。而WKCI指数则侧重从劳动力在知识产业中的配置情况来反映其人力资本在知识经济中的竞争力，较为符合知识经济特征。然而，该指标体系并未反映出知识型劳动者在生产绩效上的差异。

指数法的优点是能够多维地描述人力资本的特征，尤其是人力资本中一些软性的特征，如思想道德品质、学习与创新能力、善于发现机会的能力、吃苦耐劳的品质等。在对群体人力资本特征的描述中，能够避开人力资本计量中存在的诸多问题，能较好地把握人力资本的内核。然而，指数法尚未成为人力资本计量的主流方法，因为它无法准确回答人力资本到底有多少，只能回答谁的人力资本比谁的好，谁的人力资本更有发展潜力。因此，在人力资本与经济增长关系的研究中尚未得到应用。

总体而言，国外人力资本的计量方法各有优劣，存量计量法主要用于人力资本绝对数的计量，缺点是难以多方面地涵盖人力资本丰富的内涵。指数法能综合反映人力资本多方面的表现和特征，却无法衡量存量高低，较多地用于相对比较。

## 1.3.2 国内研究动态

中国对人力资本与经济增长的研究起步较晚，大约在 20 世纪 90 年代初开始出现，此后研究成果日渐丰富。与国外研究相比，中国学者们在人力资本概念和内涵上进行了更广泛的探讨和深入的论述，为国内的人力资本实证研究奠定了坚实的理论基础。为与国外研究动态相对应，我们分别从人力资本概念、人力资本与经济增长关系、人力资本与技术进步合适性以及人力资本计量方法与实证研究动态等方面介绍国内研究动态。

### 1.3.2.1 人力资本概念与内涵的深入阐释

在舒尔茨的人力资本定义基础上，国内学者进行了更深入的探讨，将人力资本与人力资源、人力资产等概念进行比较，以更明确和严格地界定人力资本的内涵。

大致说来，若以是否将人力资本与人力资产或人力资源区别开来作为标准，理论界对人力资本内涵的界定可以划分为三类：一是未将人力资本与人力资源严格区分开来，笼统使用，如周其仁（1996）、张维迎（1996）等都隐含地接受这种观点；二是虽未明确指出人力资本与人力资源是两个相异的概念，但在使用人力资本时隐含地把两者区分开来了，如刘迎秋（1997）、李忠民（1999）等的观点；三是将人力资本与人力资源严格地区别开来，如魏杰（2002）等。

从人力资本的定义上来看则因侧重点不同可分成四类：一是沿袭舒尔茨的观点，强调人力资本是通过投资所形成的各种能力的综合，如刘迎秋（1997）、张凤林（2006）等的定义；二是强调人力资本的资本性与外部性，即需要投资形成，能带来边际收益递增，如李忠民（1999）、魏立萍（2005）、李玉江（2005）等的定义；三是强调人力资本的依附性和产权性质，如周其仁（1996）、李建民（1999）的定义；四是综合性的定义，即同时包含人力资本的形成、内容、资本性质与产权特征等多方面特征的定义。这类定义目前较为普遍，如姚树荣和张耀奇（2001）、王金营（2001）、李玲（2003）、谭永生（2007）等。

人力资本定义所呈现的综合化趋势表明人们对人力资本的产生和作用机制有了更深刻的认识，力图呈现人力资本的多维特征。而人力资本定义的综合化也使得人力资本核算在内容和范围上更加广泛，对现行的人力资本测度方法提出了挑战，也为我们提供了更广泛的研究空间。

1.3.2.2 中国人力资本与经济增长关系的研究动态

中国人力资本与经济增长关系的研究起始于 20 世纪 90 年代，最初是研究人力资本存量对经济增长的作用，取得了丰富的研究成果。由于中国经济增长正处于转型期，制度变革给经济增长注入了强大动力，而部分地区的快速增长与落后地区的徘徊不前形成了鲜明的对比。近年来学者们逐渐将视线投向了中国人力资本结构与配置问题，试图从人力资本结构的合理性和配置的效率性解释中国经济增长中的不平衡现象。

（1）中国人力资本总量与经济增长关系研究动态

在研究中国人力资本总量与经济增长关系上较有代表性的学者及研究成果可根据其采用的模型和方法大致分为三类：

一是利用传统的生产函数形式对人力资本在经济增长中的

贡献进行测算，如李望坤（1998）、沈利生和朱运法（1999）、侯亚非（2000）、胡永远（2003）等；二是在传统生产函数基础上根据中国经济增长的现实情况，引入结构、制度因素对经济增长要素进行细化分解从而得出人力资本贡献的，如陆根尧（2004）、李雪峰（2006）、王瑞泽（2006）、谭永生（2007）、郭志仪和曹建云（2007）等；三是依据卢卡斯的人力资本外部性模型在考虑人力资本外溢的前提下测算的人力资本对经济增长的贡献，如王金营（2001）、魏立萍（2005）等。

以上研究在结论上差异较大，所测算的人力资本贡献最低为 8.3%（谭永生，2007），最高为 30.6%（沈利生和朱运法，1999）。而采用传统 C-D 型生产函数的测算结果通常高于后两种测算方法，原因是经济增长因素的进一步分解以及人力资本外部性的测算使原本计入人力资本贡献的因素被剥离出来，使人力资本的贡献下降。此外，由于学者们采取不同的人力资本计量方法，使人力资本数据呈现出非常大的差异，造成人力资本贡献率的测算结果相差甚远，这使得我们难以正确把握和评价当前中国经济增长中人力资本的基本状况及其作用。

（2）中国人力资本结构与经济增长关系研究动态

根据现有国内研究成果，人力资本结构大致可分为类型结构、产业配置结构、区域配置结构和城乡分布结构四种类型。其中类型结构又可根据划分类型的依据不同分为投资类型结构，即人力资本在教育、技能、健康和迁移流动等方面进行投资所形成的教育资本、技能资本、健康资本和迁移资本；层级结构，即按照人力资本水平的高低进行划分，一般分为普通人力资本、专业化人力资本、企业家人力资本和研发型人力资本等，或划分为初级、中级和高级人力资本等。

近年来，许多实证研究已经涉及人力资本结构在经济增长中的作用：在类型结构方面，如陈钊等（2004）、郭继强

（2005）、杨建芳等（2006）、陈浩（2007）的研究；产业配置结构方面，如王金营（2001）、张俊莉（2004）以及李福柱与李忠双（2008）等的研究；区域配置结构方面，如刘传江和董延芳（2007）、王良健和何琼峰（2008）的研究；此外，还有一些研究同时涵盖了区域配置与城乡分布结构，如蔡昉（2000）从劳动力市场分割研究了城乡劳动力流动的障碍，王小鲁（2000）的研究中专门提及了城乡人力资本流动对经济发展的影响，李玲（2003）关于人力资本流动的研究则同时涵盖了人力资本的产业配置、区域配置和城乡分布，以及侯风云（2007）的研究都对人力资本流动和城乡人力资本的配置进行了研究。

此外，借鉴国外学者如 V. Thomas 等（2000）以及 Amparo Castelló 和 Rafael Doménech（2001）研究中利用基尼系数反映人力资本非均衡程度的方法，国内学者以人均受教育年限为依据对中国人力资本基尼系数进行了测算，并利用人力资本基尼系数对地区经济增长的差异进行了解释，认为人力资本"均化"有助于人力资本积累，并对经济增长产生积极正面影响。如刘海英等（2004）、李忠强等（2005）以及李秀敏（2007）等的研究。

### 1.3.2.3　中国人力资本与技术进步合适性的研究

国外研究表明技术外溢效应是外商直接投资（FDI）影响东道国技术进步的最重要的一种方式，中国学者们则对中国经济增长中由于 FDI 带来的技术进步与人力资本是否相适应进行了大量的研究。

许学军（2003）以拉美国家为例证实了大量 FDI 所带来的不合适的技术进步通过拉大不同技能劳动力的收入差距会严重阻碍发展中国家的人力资本形成，而以东亚人力资本对技术进步适应性为例证明了人力资本的先行积累与合适的技术进步不仅能促进落后国家的快速发展，同时能进一步诱致人力资本形成，由此带来人力资本、技术进步与经济增长的良性循环。赖明勇等（2005）将"技术吸收能力"引入到开放经济模式下的内生增长模型，考察本国技术吸收能力与技术外溢、稳态经济增长率之间的关系。研究结论表明本国技术吸收能力是决定最终的技术外溢效果、技术进步率以及稳态经济增长率的关键变量，而本国人力资本积累、贸易开放度则是决定吸收能力的重要因素。因此，最适宜的技术引进应当是与本国人力资本水平和贸易开放程度相匹配的技术。

而近年来关于 FDI 外溢与技术进步中人力资本门槛效应的研究则进一步明确了与形成良性技术进步相匹配的人力资本初始条件，如刘厚俊和刘正良（2006）、郭玉清和杨栋（2007）以及张宇（2008）等的研究。

以上研究基于 Quandt（1958）与 Hansen（1999，2000）所提出的门限回归方法计算人力资本门槛，对目前中国吸收和利用国外先进技术的能力进行研究。他们的研究方法与研究结论为本书在利用人力资本适配性的门槛效应来解释中国经济增长及地区差异上提供了理论基础和研究方法，给本书以较大的启迪。

1.3.2.4　中国人力资本计量与实证研究动态

对中国人力资本计量的研究同样可归结为两个方面，即对中国人力资本存量的计量研究以及对中国人力资本指数的计量研究。

（1）中国人力资本存量计量方法研究动态

王金营（2001）将人力资本计量方法总结为三类方法，即从产出角度的度量方法、从投入角度的度量方法和教育年限法，并将群体人力资本定义为人力资本水平与劳动力人数的乘积。其中，投入角度度量法又包括了学历指数法、技术等级或职称等级法、教育经费法以及人才与非技术劳动的分解法。钱雪亚等（2003）在对中外学者关于人力资本计量方面的文献进行研究的基础上提出了三类计量方法，即未来收益法、累计成本法和教育存量法。侯风云（2007）则将国内外人力资本计量方法总结为五种方法，即成本基础法、替代法、实现法、收入基础法和综合法，并在此基础上提出了自己的计量方法——形成基础法。从方法构成上来看，钱雪亚与侯风云较为统一，与国外研究相近。

以上方法尽管名称不同，但有许多共同之处。如王金营所定义的产出角度度量方法实质上是指劳动报酬法，与钱雪亚所提出的未来报酬法以及侯风云总结的收入基础法在本质上是相同的。而钱雪亚的累计成本法与侯风云的成本基础法是一致的。此外，钱雪亚所提及的教育存量法与国外研究中的"产出法"和侯风云所定义的替代法相近。

较多国内学者对中国人力资本存量进行了计量和实证研究，但国内研究通常采用两类方法：一是测算形成人力资本的成本，利用各项人力资本投资的总和来计量人力资本。如周天勇（1994）、沈利生和朱运法（1997）、李宝元（2000）、张帆（2000）、樊瑛和张鹏（2004）、李玉江（2005）、侯风云（2007）等的研究。二是教育存量方法，与国外研究相比，我国学者倾向采用教育指标如入学率、人均受教育年限等来衡量人力资本水平。如诸建芳等（1995）、胡鞍钢（2000）、侯亚非（2000）、王金营（2001）、胡永远（2003）、陆根尧（2004）、魏立萍（2005）等的研究。

由于人口与劳动统计资料的限制，使得我国学者难以采用国际通行的劳动报酬法来计量人力资本，目前研究成果较少。《中国人力资源开发报告2008》在借鉴收入法基本原理的基础上核算了中国人力资本价值总量，用现实统计资料可得的居民总收入代替对劳动者"个人"劳动收入的统计，使该方法具有可行性（中国人力资源开发研究会，2008）。但这一变通处理方法使较多的非人力资本因素被计入，容易过高估计人力资本存量。

由此可见，当前我国人力资本存量计量方法主要采用成本法和教育存量法。这两种方法的优缺点如前所述，简单直观、便于把握，但在正确衡量人力资本的市场价值和经济价值上较为欠缺。人力资本存量计量方法急需得到改善，前提是建立相对完备的人力资本统计制度，以获得系统连续的人力资本基础数据。因此，我国应当重视人口与劳动统计工作，加强劳动力市场建设，使人力资本资料更加细化，以满足人力资本存量计量的需要。

总体而言，人力资本的各种计量方法为实证研究中人力资本的统计范围和内容奠定了基础。本书虽然是以人力资本在经济增长中的适配性作为研究对象，并未采用人力资本存量计量方法，但在设计人力资本适配性指标体系时仍然借鉴了体现在这些计量方法中的人力资本形成、教育的重要性等观点和思想，在指标体系中引入了体现知识水平、教育投入、企业培训以及流动迁移的指标用于描述人力资本的适配性。

（2）国内人力资本指数计量方法与实证研究动态

由于人力资本存量在内涵和计量方法上的困难，人们开始采用综合评价方法对人力资本指数进行计量。

倪鹏飞从 2003 年开始每年发表《中国城市竞争力研究报告》，每年对评价指标和评价内容上都进行了调整和修改，评价城市也从最初 50 个增加到 2008 年的 200 个。其中 2004 年城市竞争力报告中的人才竞争力指数从健康水平、知识水平、技术水平、能力水平、价值取向、创业精神、创新意识、交往操守等方面对人力资本水平进行了综合评价；李玉江等（2005）从教育、研究与开发以及健康三方面计算了区域人力资本丰裕系数；周德禄（2005）认为人力资本是以人口质量（教育、经验、健康）为核心变量的人口质量与人口数量的综合，并提出了基于人口指标设计的群体人力资本核算指标体系和方法；赵祥宇，袁伦渠（2006）通过建立人力资本水平评价指标体系，采用多元统计方法进行综合评价；陈希等（2007）从教育资本、健康资本和经验资本三方面构建人力资本评价指标体系，采用多层次模糊综合评价方法计算人力资本指数；王治宇和马海涛（2007）利用多层次权重解析法从人力资本教育水平、经验水平、健康水平、迁移状况四个方面构建指标体系进行综合评价；罗新华（2007）从企业人力资源管理的角度利用模糊综合评价方法构建人力资本指数。

指数方法能从多个角度和侧面反映人力资本的特征，指标数据通常具有较强的可得性，实证分析结果能提供丰富的信息，便于进行管理和调控。然而，指数的科学性和合理性是建立在指标体系的科学性与合理性基础之上的。从现有研究来看，综合评价方法主要采用多元统计分析、模糊综合评价和多层次权重解析方法，已经较为成熟。直接影响人力资本评价效果的是人力资本评价指标体系的设计，已有的研究主要是从人力资本的构成和形成角度去构建指标体系，有的研究还相当粗略，选取的指标也通常是反映人口素质的指标，如受教育程度、医疗保健状况、预期寿命等。人力资本的"多维性"、"异质性"、"可变性"等真正内涵并未得到充分反映，对判定人力资本的"合适性"和"有效性"则较为欠缺。

### 1.3.3　国内外研究动态述评

国内外人力资本与经济增长关系的研究视角正在逐渐发生变化。从起初关注人力资本存量及其在经济增长中的贡献研究逐渐转变为考察人力资本结构与人力资本配置效率对经济增长的影响，已经涉及对人力资本"合适性"和"有效性"的研究。然而，现有研究在描述人力资本的"合适性"和"有效性"方面存在两个问题：一是衡量标准过于单一，通常以人均受教育年限为评价标志对人力资本结构和配置进行研究。而事实上，受教育程度的高低并不是决定人力资本是否合适和有效的唯一标准。二是现有研究主要就人力资本结构改善和配置效率的提高及其对区域经济增长的影响进行讨论，与经济增长的结合并不紧密，没有给出一个较为确切的研究范式。因此，在人力资本适配性的质与量的规定上，在研究以人力资本适配性为表征的有效人力资本在经济增长中的作用上给本书留下了较大的研究空间。而人力资本指数研究方法和人力资本门槛效应检验方法为全面描述有效人力资本特征，寻找人力资本适配性由量变到质变的内在演化规律奠定了方法论基础。

## 1.4 研究对象与研究范围的界定

本书的研究对象是经济增长中的人力资本适配性，围绕着人力资本适配性的质的规定与量的界定展开研究。"适配"（Fitness）一词具有适应与配合之意。简单地说，经济增长中人力资本的适配性是指在经济增长过程中，适应经济增长需求的有效人力资本供给现象。由于人力资本通常体现为劳动力凭借其知识、经验、技能和健康而产生的各种有价值能力的总和，因此，经济增长中的人力资本适配性表现为劳动力在经济增长中"合适的"，能够得到有效发挥的能力。

然而人力资本适配性不是一个独立的范畴，它是依附于特定的适配对象所形成的一种关系，与一定的经济背景、制度环境、人文环境有着不可分割的密切联系。因此，书中所提及的人力资本适配性均为经济增长中的人力资本适配性。

从研究范围上看，本书重点研究了中国各省市区人力资本适配性的基本状况，进而形成对中国人力资本适配性的总体判断，并利用适配度指数对人力资本适配性及其在经济增长中的作用进行量化和实证分析。

## 1.5 研究思路与研究方法

### 1.5.1 研究思路

本书提出用"人力资本适配性"概念研究其在经济增长中的"合适性"和"有效性"，并对中国经济增长中的人力资本适配性进行了实证研究，以期发现和验证人力资本适配性在经济增长中的作用及其作用机制，探索合适的人力资本适配性培养模式。

首先，界定人力资本适配性的基本概念及其特征。在对以"适配"为基本特征的有效人力资本与经济增长的互动关系进行详细讨论的基础上，描述与经济增长需求相适应的人力资本的现实表现。由此构建人力资本与经济增长的适配路径，为人力资本适配性的度量和深入分析提供理论框架。

其次，依据人力资本与经济增长的适配路径，结合中国经济增长现实情况，构建中国人力资本适配度指数，对中国经济增长中人力资本的适配程度进行量化，并就其一般水平和分布特征进行分析。

再次，研究人力资本适配度与经济增长主要影响因素之间的关系，观察人力资本适配性在经济增长中的作用机制和影响方式，并根据其相关性的表现，判断人力资本适配度的合理性与科学性。在此基础上，将人力资本适配度引入经济增长模型，考察人力资本适配度对现实经济增长的解释能力，并试图在建立模型的过程中利用人力资本适配度识别中国经济增长中的地区差异，从而对人力资本适配性在中国经济增长与缩小地区差异过程中的决定性作用进行研究和讨论。

最后，根据中国经济增长中人力资本适配性与其重要影响因素之间的数量关系对人力资本适配性的主要来源进行辨析，探求合适的人力资本适配性培养模式，并提出建议和对策。

将以上思路形成本研究的技术路线，如图1-1所示：

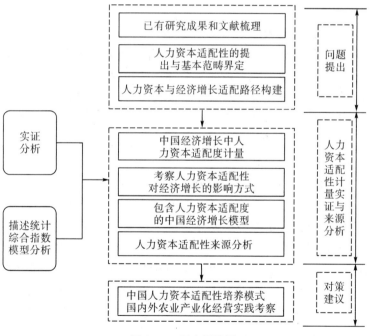

图1-1　研究思路图

### 1.5.2　研究方法

本书研究方法属于实证研究范畴。从人力资本理论与经济增长理论出发，用人力资本适配度指数度量了经济增长中人力资本适配性的高低。依据内生经济增长理论构建经济增长模型，对中国人力资本适配性与经济增长之间的关系进行了实证研究，明确了中国经济增长中人力资本适配性的作用和贡献。研究结果为探求中国人力资本适配性的来源及形成规律，寻找合适的人力资本培养模式提供了依据。为此，在研究中主要采用实证分析方法。

（1）综合指数法

本书的核心内容之一是对人力资本适配程度进行定量分析。考虑人力资本适配性表现的复杂性，选择建立指标体系，利用综合指数法求得人力资本适配度指数及所辖各级指数来反映人力资本适配度的高低，并为研究人力资本与经济增长的关系奠定了基础，在本研究中有着非常重要的作用。

（2）计量经济模型法

为研究人力资本适配性在中国经济增长中的地位和作用，本书首先根据索洛模型与卢卡斯模型的基本形式设计了经济增长模型，利用计量经济研究方法建立包含人力资本适配度的中国经济增长模型，考察人力资本适配度对经济增长的解释能力，对其重要性和存在的合理性进行分析和评价。其次，由于中国经济增长地区差距日益扩大，本书利用前面所设计的人力资本适配度解释中国地区经济增长水平的差异，并对中国经济增长中的人力资本适配度门槛效应进行了检验。通过对该门槛的检验和解释，进一步表明中国经济增长中人力资本适配度的差异正是地区经济增长差异的重要原因。因此，计量经济模型法在本书中的应用对于得出合理的结论并提出有价值的建议有着不可替代的作用。

（3）描述统计法

由于本书实证分析的特性，在文章的每一阶段为得到相关结论均大量地采用了描述统计方法。如对全国及各地区各项人力资本适配度指数的描述统计分析揭示出人力资本适配度的变化轨迹；在人力资本适配度来源分析中为寻找主要影响因素，也大量使用了描述统计指标对研究对象的基本特征进行描述；为便于用人力资本适配度门槛去识别中国经济增长差异，本书分别对门槛下与门槛上地区的经济增长的要素投入和结构特征进行了描述。因此，本书所采用的描述统计方法对主要结论形成了有力的支撑，是文章不可缺少的重要方法。

## 1.6　研究创新之处

本书在以下方面有所创新：

（1）从人力资本适配性的角度解释经济增长，与以往研究相比，突出了具有"合适性"与"有效性"的高水平人力资本在经济增长中的作用，更加符合人力资本的特性。

（2）尝试建立的人力资本适配性理论框架，补充和丰富了现有人力资本理论与经济增长理论。

（3）证实了中国经济增长中存在人力资本适配度门槛，并通过人力资本适配度单门限两区制经济增长模型解释了20世纪90年代以来，中国地区经济增长差距持续拉大的"趋异"过程，更加贴近中国经济增长现实情况，从而提高了经济增长模型的解释能力。

（4）根据人力资本适配度门槛将中国各省市区划分为人力

资本适配度门槛上地区与门槛下地区，并依据两区域不同的经济增长特征和人力资本适配性要求分别提出"科技引领技术创新带动型"和"政府主导产业变革推动型"人力资本适配性培养模式，对政府宏观政策的制定有较强的指导意义和参考价值。

# 第二章
# 人力资本适配性的
# 概念、特征及适配路径

人力资本的内核是其"合适性"与"有效性",是与经济增长需求相适应的人类能力的总和,较高的人力资本适配性是高水平人力资本的重要标志。为刻画人力资本在经济增长中的适配性质,本章首先阐述了人力资本适配性的概念与特征,并明确了"有效"人力资本与经济增长的互动关系和作用机理。通过对与经济增长需求"适配"的人力资本特征描述确立了人力资本与经济增长的适配路径,为度量和研究人力资本适配性奠定了理论基础。

## 2.1　人力资本适配性的概念与特征

人力资本理论的创始人舒尔茨(1991)认为人力资本是人们通过"慎重投资"而"获得的有用的技能和知识",强调了人力资本的"有用性"。这一定义虽未明确提出人力资本的适配性,却已经蕴含了人力资本的"合适"与"有效"性。然而,此后的学者们在定义上更多地强调了人力资本的形成、内容构成和资本性质,由此产生的测度方法反而淡化了人力资本的有用性。这里强调了人力资本的"有用性",并进一步将其具体化,形成了对人力资本适配性概念及其特征的解释和描述。

### 2.1.1　基本概念

人力资本适配性特指经济增长中人力资本所具有的"合适性"与"有效性"。具体而言,即是指特定制度条件与文化背景下,人力资本的形成和供给与经济增长中的人力资本需求之间表现出的契合与匹配的性质。它的载体是人力资本供给与经济增长需求之间的适配关系,它的外在表现形式是劳动者人力资本的有效发挥，即工作能力、学习能力、应付非均衡能力的显著提升，人力资本配置效率的提高和结构的改善。

这一定义表明与经济增长"适配"的人力资本必须具备两个基本条件。

（1）以劳动者的知识、经验、技能、健康以及由此形成的产出、创新、流动和配置等各种能力为主要表现形式的人力资本应当适应经济增长的需要，能够实现合理配置和流动，即具备"合适性"。

（2）保证劳动者"合适"的人力资本在特定的制度、区位和文化背景中长期处于"开启"状态，形成"有效的"人力资本。

## 2.1.2 基本特征

（1）动态性

人力资本适配性是反映人力资本与经济增长之间配合关系的概念，这种关系本身就是一个动态的关系，使得人力资本适配性表现出较强的动态性。主要表现在两个方面：一是由于经济增长阶段和经济增长目标的变化带来人力资本需求的动态性，二是人力资本在形成、积累过程中产生的人力资本供给的动态性。因此，人力资本适配性的强弱高低是相对的，而非绝对的。对人力资本适配性的研究必须与现实经济增长阶段、环境和背景密切联系，才能得出有意义的结论。

（2）多维性

人力资本的多维性决定了人力资本适配性的多维性。首先，人力资本具有多维的表现形式，既包括劳动者所拥有的知识、技能、经验和健康，也包括由此形成的各种有价值能力的总和；其次，人力资本具有多维的形成机制，教育、培训、医疗保健、"边干边学"、迁移流动等都是主要的人力资本形成途径；最后，人力资本具有多维的结构，如类型结构、层级结构、区域结构、城乡结构等。因此，在衡量人力资本与经济增长是否"适配"的问题上，采用单一的评价标准必然有失偏颇，这也促使我们从多方面寻找人力资本与经济增长"适配"的表现。因此，人力资本适配性带有明显的多维性。

（3）异质性

人力资本适配性的异质性主要是指由于人力资本在经济增长中因人而异的特性使不同个体的人力资本适配性存在较大的差异。人力资本适配性的异质性主要是由于人力资本产出能力的差异带来的。不同类型、不同层次、不同配置形式的人力资本边际产出能力不同，生产效率各异，使人力资本在经济增长中发挥作用的程度不同，由此带来人力资本适配性的异质性。

（4）可变性

人力资本适配性的可变性是指由于人力资本在经济增长中因时因地而异使得人力资本适配性表现出时强时弱，忽高忽低的特性。人力资本适配性的可变性一方面是由于人力资本增值或贬值而造成的，另一方面则是因时间、空间、文化、制度、社会经济环境的变化影响到人力资本发挥而造成的。因此，即使是同一个人，其"合适的，有效的"人力资本水平也是处于不断变化之中。正如周其仁（1996）所言："人力资本是'主动资产'，人力资本产权有三大特征：第一，人力资本天然归属个人；第二，人力资本的产权权利一旦受损，其资产可以立刻贬值或荡然无存；第三，人力资本总是自发地寻求实现自我的市场。"因此，在这一过程中，人力资本适配性必定带有较强的可变性。

人力资本适配性的概念和特征表明，人力资本的内核是"合适性"和"有效性"，要正确衡量人力资本的适配性，必须紧紧把握其动态、多维、可变和异质的特性。因此，选择恰当的研究角度和正确的研究方法至关重要。

应当看到,人力资本适配性是人力资本的一种特质,是一个抽象的概念。因此,考察人力资本适配性的高低必须借助于对人力资本在经济增长中的表现和发挥程度的观察。为此,需要从与经济增长需求"适配"的有效人力资本特征入手探讨经济增长对人力资本适配性的要求,根据其"适配"表现确立人力资本与经济增长的适配路径,建立正确描述经济增长中人力资本适配性的理论框架。

## 2.2　经济增长与有效人力资本供给的互动关系

### 2.2.1　经济增长的内涵与特征

经济增长(Economic Growth)的一般概念简而言之,即是国民财富或社会财富的增长,用现代术语来说,即是产出的增长,它表现为国民生产总值、国内生产总值或国民收入的增长。然而经济的持续增长必将引起社会经济各方面的变化,具体反映在投入结构的变化、产出结构的变化、一般生活水平和收入分配状况的变化、教育状况的变化、健康卫生状况的变化和环境生态状况的变化等方面(方齐云等,2002)。

同时,钱纳里等(1995)的研究表明,经济结构的转变,特别是在非均衡条件下的结构转变,能够加速经济增长。著名经济学家、诺贝尔经济学奖获得者西蒙·库兹涅茨(1989)考察了具有现代经济增长[①]特征,即人口及人均产值经历了长期

---

①　库兹涅茨认为"现代经济增长"发生在18世纪中叶西欧的商人资本主义时代,而麦迪森则认为那一时期的经济增长比库兹涅茨表明的速度要慢,由此推断"现代经济增长"发生在1820年左右。

（至少50年）高速增长的多个国家经济增长情况，认为"绝大多数经济增长伴随人口增长和结构的巨大变化"，并将结构转变，包括产业结构、就业结构、分配结构等方面的变化看做现代经济增长的重要特征，而不仅仅是经济总量的增长。

长期经济增长必然伴随结构改善和经济运行质量的提高。因此，经济增长应当包括两方面的含义：①经济增长的直接结果是产出总量的增长以及人均产出的增长；②经济增长又是一个努力提高要素配置效率，促进经济结构不断优化的过程，也是经济增长方式不断向符合人类最大利益的方向转变的过程。

由此可见，经济增长是一个动态的过程，这一过程的实现有其内在的原动力，也有外在的推动力。原动力是经济系统一种天生的自发的不断向新的经济增长阶段迈进的力量。很多经济增长理论的论著将人口增长和人口转变视为这一原动力。这一进程是不可阻挡，不可逆转的。然而应当看到，尽管长期经济增长是一个总体趋势，在不同的经济社会政治环境、背景、条件下，经济增长路径和经济增长模式却大不相同。经济体走上什么经济增长道路与外在的推动力密切相关。索洛和纳尔森认为技术进步是经济增长的主要推动力，罗默认为知识积累是直接推动力，卢卡斯则证明了经济增长是由人力资本的有效积累所推动的，并提出了即使没有人口增长也能因人力资本的积累而带来经济增长的著名论断。而制度经济学家们则认为经济增长的最大推动力是制度创新与合适的制度供给。其代表人物诺斯认为，即使是没有技术变化，通过制度创新也能提高生产率和实现经济增长（卢现祥，2003）。因此，经济增长在不同阶段会表现出不同的特征，并产生不同的人力资本需求。

## 2.2.2　有效人力资本促进经济增长的作用机理

这里的有效人力资本是指符合经济增长需求，具有较高适配性的人力资本。自人力资本理论创立以来，对人力资本与经济增长之间相互促进相互制约的关系及其作用机理的探讨已经非常深入，并形成了较为统一的认识。那就是人力资本的积累和培育在二者互动关系中居于主导地位，影响着经济增长的方向和路径。这里我们探讨具有"合适性"与"有效性"的人力资本是如何促进经济增长的。

一方面，人力资本具有内部性，表现在直接推动生产率提高和结构的优化。另一方面，人力资本的外部性使其作用于其他生产要素，作用于影响经济增长路径和方向的其他推动力量，间接促进经济增长。如前所述，学者们认为影响经济增长方向和路径的主要推动力是技术进步、知识积累、人力资本和制度创新。比较而言，有效人力资本是其他几种推动力的根本和基础。

总体来看，有效人力资本大致通过以下途径促进经济增长：

（1）提高劳动生产率

这是有效人力资本的重要标志之一。是否能更快、更好地完成生产任务是有效人力资本的基本特征，表现为单位产出的提高，如单位劳动力产出和单位劳动时间的产出。

（2）提高物质资本的产出效率

有效人力资本与物质资本有着更强的匹配性，如更熟练的生产技能可以提高物质资本的有效利用率，减少资源浪费；能够更好地操作精密先进的设备，对机器设备进行技术改造；能够发现更合适的工艺流程，提高资本产出等。同时，有效人力资本能够建立和适应新的管理模式和生产组织形式，促进生产效率的提高。

（3）促进结构优化

人力资本在产业结构调整中的作用主要表现为：一是提高资源的配置效率。根据巴罗和萨拉伊·马丁的研究（2000），总投资/GDP 之比与以教育成就和健康为形式的初始人力资本正相关，也和真实人均 GDP 相关。而一旦人力资本的数量保持不变，其与真实人均 GDP 的关系就变得实际为零。"这些事实意味着投资/GDP 之比将随着一国发展且增加其人力资本而趋于某种程度的上升。"因此，有效人力资本积累将会形成对物质资本的聚集效应，使人力资本与物质资本在数量和质量上都趋于和谐。二是有助于增强产业转换弹性。产业结构调整意味着各次产业在国民经济中份额的变化，以及劳动者在各次产业中的流动与重新配置。有效人力资本因其"合适"、"有效"的知识技能而具备较大的就业弹性和较强的产业转换与适应能力，保证产业结构调整的顺利进行。

（4）推动技术进步

李建民（1999）认为"人力资本与科学技术进步之间存在着天然的联系"。他明确指出，人力资本是科学与技术进步的重要源泉，是技术扩散的必要条件，也是技术应用的基础和先决条件。因此，在知识经济与全球化的经济背景下，人力资本既是引进吸收和消化先进科学技术成果的中坚力量，又是自主创新、进行研究与开发的主体，更是增强技术应用效率的关键。有效人力资本形成与积累是持续推动技术进步、形成技术势的生力军。

（5）推动知识积累

知识经济时代的生产方式发生了巨大的变革，由物质生产转向知识生产，经济增长比以往更加依赖于知识的积累和应用。与这一经济形态相适应的有效人力资本是知识的直接生产者、传承者、传播者和应用者，在知识积累上发挥着非常重要的作用。

（6）推动制度创新

制度创新有着不同的层次和范围，区域制度创新有助于形成区域经济增长的有利环境，而国家层面的制度创新则可能引领社会变革。然而制度的设计、实施和变革都离不开人力资本的支撑。有效人力资本能较快觉察新机会，主动进行制度创新，是推动制度创新的主导力量。

（7）减缓经济波动

关于经济波动与经济增长的关系长期以来一直存在着争论（周达军，2007）。一种观点是经济波动产生的风险会使社会投资更多地转向具有较高风险收益的高科技领域，代表人物是布莱克；另一种观点认为波动对经济增长有着明显的负面效应，如凯恩斯和沃德弗德的观点。然而，实证研究更为支持后者的观点。如周达军（2007）就证实了经济波动对中国长期经济增长产生了负面影响。

人力资本在减缓经济波动，延长经济周期上的作用主要表现在两个方面：一是发挥要素生产作用，利用其边际报酬递增的特性使经济增长得以延续，防止经济的大起大落；另一方面，以消费为基本表现形式的人力资本生产和再生产过程有助于改善总量需求结构，从而减弱经济波动。

### 2.2.3 经济水平对人力资本适配性的限制

虽然人力资本对经济增长有重要的促进和支撑作用，但其发挥程度却因经济水平的不同而不同。经济水平对人力资本"合适性"和"有效性"的限制主要表现在对人力资本价值的制约、对人力资本形成的制约以及对人力资本配置效率的制约。

（1）经济水平对人力资本价值的不同定义

经济增长是一个动态的过程，在国民财富的积累过程中，经济水平不断提高，人力资本需求也在不断变化。人类社会大致经历了农业经济时代、工业经济时代和知识经济时代。其中，农业经济时代的财富增长主要依靠土地和劳动力的投入，这一时期80%的劳动力都不识字或只接受过很少的教育，劳动力技能主要是农业生产技能，其人力资本形成主要依靠经验的传承。

进入工业经济时代，机器大生产和劳动分工对劳动力的专项生产技能与熟练程度提出了新的要求，系统的教育培训在劳动能力形成中逐渐发挥着重要作用。随着知识经济时代的来临，知识型生产方式与知识型产业比重的迅速提高对劳动力的知识积累与创新能力提出了更高的要求。

由此可见，不同经济增长阶段由于其生产方式和增长路径的差异表现为不同的经济水平，由此对人力资本产生了差异化的需求。与特定经济增长阶段生产方式相适应的人力资本价值高，创造价值的能力也更强。

（2）经济水平对人力资本形成的制约

人力资本理论认为，人力资本大致有四种形成途径：一是教育，用于提高认知能力以持续增强学习能力；二是"干中学"，以获得技能，并进行知识积累；三是健康，通过改善健康和营养状况获得更强的工作能力；四是迁移，通过人力资本合理流动改善人力资本状况。在人力资本的形成过程中，人力资本投资起着非常关键的作用。

经济水平对人力资本形成的影响主要体现在对人力资本投资的收入约束。根据马斯洛的需求层次理论，人们首先满足较低层次的物质需要，而后才是精神需要。因此，对人力资本投资是建立在物质需要得到基本满足的前提之下的。在人力资本积累过程中，人力资本投资水平通常随着国民财富的增加而逐渐提高，人力资本投资结构也随之改善。当经济实力处于较低水平时，人力资本投资主要由政府承担，用于满足公共教育培训与医疗保健的需要，人力资本投资占 GDP 比重通常较低。随着经济实力的逐渐增强，私人开始重视人力资本投资，教育型消费活动不断增长，社会投入比例也逐步提高。当经济实力处于较高水平时，财政性教育经费占 GDP 比重基本稳定，而私人人力资本投资则不断提高。

（3）经济水平对人力资本配置的制约

一般来讲，人力资本水平越高，弹性越大，配置效率越高。所谓人力资本配置，就是在制度创新的基础上，促进人力资本充分流动，实现区域、产业、行业、职位的最优配置，使人力资本价值最大化。然而在不同的经济增长阶段和经济水平下人力资本的流动和配置弹性有着很大的差别，不同层级的人力资本也有着不同的流动和配置弹性。

在经济水平较低阶段，主要是采取资源型生产方式和资本推动型生产方式，几乎不考虑人力资本配置问题。劳动力的流动和配置处于自发形成状态，人力资本弹性提升速度慢。较低的人力资本弹性使制度创新和结构转换困难重重，经济增长容易出现反复，波动性较强。随着经济增长阶段的演进和经济水平的逐渐提高，知识型生产方式对人力资本向知识型产业转换和配置提出了更高的要求。这迫使人们认真考察人力资本的合适性与有效性，并对其配置弹性加强主动引导和培养。

以上分析表明，经济增长的演进过程对人力资本价值、人力资本形成以及人力资本配置效率不断产生新的需求，对人力资本的"合适性"和"有效性"提出新的要求。只有适应经济增长需求的，能够充分发挥出来的人力资本才能真正起到促进经济总量增长，结构优化，适应与推动制度变革的作用。

## 2.3 与经济增长"适配"的有效人力资本特征

从有效人力资本推动经济增长的路径和方式可以看出，经济增长对有效人力资本的要求主要表现在：①较高的产出能力，包括直接产出能力和因推动技术进步、结构转变、知识积累等带来的间接产出能力；②较强的人力资本配置能力，表现为劳动力在产业间转换和在区域间流动的能力；③与经济增长外在环境的适应能力，重点表现为与制度变迁过程的适应能力。由此形成有效人力资本的基本特征，即与经济增长中对产出需求的"适配"，结构转换需求的"适配"和制度变迁需求的"适配"。

## 2.3.1 经济增长中的人力资本与产出需求"适配"

根据内生经济增长理论，人力资本对经济增长的贡献来源于两个方面，一是作为生产要素的直接贡献，二是人力资本作用于其他经济增长要素而带来对经济增长的间接贡献。因此，人力资本对经济增长的产出"适配"相应地也包括两层含义，即劳动力的直接产出以及劳动力与其他经济增长要素相结合带来的间接产出。

与转变经济增长方式相适应的较高的直接产出能力代表着较高的劳动生产率和较低的资源消耗水平。

因人力资本外部性而带来的产出"适配"则主要表现在劳动力的资本聚集能力和知识积累与创新能力上。

（1）与有形的物质资本相配合，表现为人力资本对物质资本的聚集能力

事实上，除了劳动力投入和物质资本以外，影响经济增长的要素还有技术进步，但技术进步对经济增长的影响是通过改善物质资本质量，提高产出效率，改变生产技术关系来实现的。这一影响机制和过程暗含在物质资本对经济增长的贡献中，难以直接观察。因此，借鉴阿罗、罗默知识积累模型的基本思想，通过资本品的积累间接观察技术进步和知识积累进展。具有较高人力资本的劳动力能够动员和使用更多的资源和资本，能够更快地学习新技术，更熟练地使用新工具，与物质资本的结合更加紧密，并能在一定程度上降低投资风险。此外，由于经济

全球化的影响，发达地区先进的技术和管理经验通过资本与贸易渠道向欠发达地区扩散。自从 MacDougall（1960）第一次明确提出了 FDI 的溢出效应以后，大量实证研究表明，FDI 有助于国际技术扩散与转移。但进一步的研究表明，这种技术扩散对东道国的经济增长要起到积极的作用要求东道国具有足够的人力资本，即最低的人力资本要求。Borensztein 研究了 OECD 国家流向 69 个发展中国家的 FDI 数据，Aitken 和 Harrison 以委内瑞拉为例研究了其国内企业产出与 FDI 之间的数量关系（刘晶，2008）。他们的研究表明只有具有较高人力资本的欠发达地区才能够有效吸收和消化先进技术，承接国际分工，从而吸引更多的外商直接投资。因此，人力资本对物质资本的聚集效应主要表现在对内资的聚集和对外资的吸引上。

（2）与知识积累和技术进步的需要相配合

知识经济时代的生产方式较工业社会有了巨大的变化。技术进步使得大量新材料、新产品和新技术得到广泛应用，信息化、网络化使得生产边界不断延伸，不断提高生产效率。因此，谁掌握了更多的新技术，谁拥有更雄厚的人力资本基础，谁就能够获得长期持续的发展能力，能够获得更多的国民财富和更高的生活水平。

知识积累和技术创新表现为一国或地区知识存量的积累、技术水平的不断提高、新产品新技术的不断出现以及信息化水平的不断提高。它要求劳动者具备相应的知识积累与技术创新的能力和水平，并且能够通过知识积累与技术创新为区域经济增长带来显著效益，则为劳动力所拥有的人力资本与知识积累和技术创新需求"适配"。

综上所述，如果某地区劳动力具有较高的劳动生产率，能够有效吸引国内资本和海外资本，并能有效利用新知识新技术进行创新生产活动则说明该地区劳动力所具有的人力资本在产出能力上与知识经济时代的经济增长需求是相适应的，即产出"适配"。

## 2.3.2 经济增长中的人力资本与结构转换需求"适配"

结构主义经济学家们曾经深刻阐述过经济增长中的结构转变规律，如钱纳里和塞尔奎因的"标准结构"以及库兹涅茨在长期统计资料的基础上利用跨国模型总结出的结构转变规律。这一规律表明随着人均收入水平的提高，人类经济社会运动的轨迹遵循着由农业经济—工业经济—发达经济的演变规律。

中国现代化战略研究课题组和中国科学院中国现代化研究中心（2006）将经济现代化进程的时间表划分为四个区间，包括原始经济、农业经济、工业经济和知识经济四种经济形态，又将每一种经济形态进一步划分为起步、发展、成熟和过渡四个时期，各个时期和时代前后承接，展现出完整的社会变迁规律。其中，农业经济时代的主要特征表现为农业化进程，其成熟阶段农业比重超过90%，而后向工业经济时代过渡。工业经济的主要特征表现为工业化和非农业化，到成熟工业经济时期工业比重超过50%，农业比重下降到20%，并逐渐过渡到知识经济时代。知识经济的主要表现是知识化和非工业化，即知识化产业比重超过60%，而工业则降到20%。这四种经济形态的推动力量各不相同，其中农业经济时代是由农业生产推动，工业经济时代由工业化进程推动，而知识经济时代则是以知识和技术来推动。每一次经济形态的转变都是由一种革命性的力量来引领和推动的。如农业革命是因为农耕工具的出现，而工业革命则始于机器化大生产。由此可见，当一种经济形态中新时期出现或是一种经济形态开始向另一种经济形态过渡时，经济体系中开始出现新技术、新产品和新产业，由此带来产业结构和就业结构的迅速调整。

库兹涅茨将产业结构调整视为经济增长中结构变化的起点，

由此带来的就业结构变化则反映了人力资本配置的一般规律。配第一克拉克定律大致给出了就业结构的一般变化规律：即随着国民收入水平的提高，劳动力首先由第一产业向第二产业转移，当人均收入水平进一步提高时，劳动力便大量地向第三产业转移。三次产业中，农业劳动力在全部劳动力中的比重始终处于不断下降之中，而工业部门的劳动力比重则是大体不变或略有上升；服务业的劳动力相对比重则会出现明显上升的趋势。产生这种变化的根本原因是劳动力为适应结构转变实现其人力资本价值而进行的流动和配置。

毋庸置疑，经济转型和结构巨变使不符合需求的人力资本贬值，符合需求的人力资本增值，人力资本供给与需求关系的变化必然引发人力资本在产业间的重新配置。此外，当某一个地区人力资本价格低于其人力资本内在价值时，人力资本将通过跨区流动促进人力资本升值。因此，考察人力资本对结构转换的适配能力需要观察具有特定人力资本的劳动者在产业间、部门间和地区间流动与重新配置的能力。如果某地区的劳动力能够适应产业结构或区域配置的要求进行跨产业和跨地区的流动，并促进人力资本价值提升，说明劳动力所具有的人力资本与经济增长结构转换的要求"适配"。

### 2.3.3 经济增长中的人力资本与制度变迁需求"适配"

1973 年发表的经济史学著作《西方世界的兴起》改变了以往人们在技术革新中寻找经济增长原因的传统，开创了用制度变迁解释经济增长的先河（何东霞和何一鸣，2006）。制度经济学家们认为良好的制度环境有助于确定交易主体之间的相互关系，降低交易费用，减少不确定性，从而提高交易收益。制度创新的本质是生产关系的调整，有效的制度能够促进经济增长，而不利的制度必将阻碍经济增长。

以中国的制度变迁为例。自党的十一届三中全会以来，中国迈出了改革开放的步伐，逐步确立了建立和完善社会主义市场经济体制的改革目标，使价格信号逐渐成为引导资源配置的主要信号，由此出现了快速市场化进程。尽管在市场化早期由于市场秩序不完善而使得价格信号常常扭曲和失真，但市场化的趋势仍然很快。与资源配置方式的市场化相适应，中国的宏观经济体制和宏观调控机制也发生了深刻的变化，在金融体制、投资体制、财税体制、外贸体制、国有企业改革以及近年来的教育体制、医疗卫生体制、住房制度、社会保障制度改革等方面取得了重大的成绩，建立起中国市场经济的基本框架并不断完善和深化。而中国自 2001 年 12 月 11 日正式加入世界贸易组织以后，对外开放的步伐进一步加快，与世界经济联系更加紧密，承接国际分工并参与国际竞争。

因此，在中国 30 多年改革开放进程中，制度变迁主要表现为市场化和对外开放的不断深化，具体表现在所有制结构的变化、要素市场的建立和完善、国有企业改革脱困、民营经济的兴起和发展、外商直接投资的增长以及对外经济贸易联系的日益加强。在这一过程中，由于劳动者一时难以适应快速的市场化和对外开放的要求，城镇登记失业率逐渐攀高，"下岗"、"失业"、"再就业"一时成为大家关注的中心。随着职业教育体制与劳动力市场的建立和完善，加上政府政策的倾斜与支持，人力资本配置失衡得到改善，失业率趋于降低，劳动者收入水平得到显著提高。

因此，人力资本与制度变迁要求相适应主要表现为在非国有经济得到大发展、外贸依存度日益提高的时代，人力资本如何进行有效配置和价值增值。如果一个地区的市场化程度和对外开放程度越高，劳动者的就业能力和收入水平越高，则视为劳动者所拥有的人力资本与制度变迁的要求相适应，即人力资本与制度变迁需求"适配"。

## 2.4　经济增长中人力资本适配性的表现

　　人力资本是内含于劳动者的各项能力，没有实物形态，要适应经济增长要求，达到高度"适配"必须依靠劳动力的有效配置来实现。人力资本各项能力的取得与发挥主要基于劳动者对经济增长中市场机会的感知，依据市场需求调节人力资本供给，努力实现就业并获取劳动报酬。由于不同个体对市场机会的认知和敏感程度不同，对市场环境和各种变化的适应能力不同，采取的应对措施不同，使得人力资本的适配性表现出异质和可变的特性。只有把握这种"异质性"和"可变性"才能正确衡量有效人力资本支撑经济增长的程度，即人力资本与经济增长的适配程度。

　　因此，考察人力资本与经济增长需求是否"适配"，应当重点观察劳动者在产出增长、结构转换以及制度变迁过程中的适应能力。为此，将人力资本与经济增长需求"适配"的具体表现概括为以下四个方面：

　　（1）较高的劳动生产率。这是高水平人力资本的基本要求，也是人力资本的基础型能力，即劳动者有着较强的工作能力。

　　（2）较强的就业能力。较强的就业能力意味着劳动者能够尽快适应产业结构调整、区域配置需求和制度变迁的需要。从总体上表现为较低的失业率或失业率的快速下降，从产业结构上表现为就业结构与产业结构差距逐渐缩小，从区域配置上看表现为劳动力跨省就业规模扩大，从制度变迁上表现为非国有经济和外向型经济对劳动力的吸纳。

　　（3）较强的流动能力。人力资本的有效配置需要通过流动来实现，因此，需要观察劳动力在产业间、区域间、城乡间的流动规模和流动效率，以评判其人力资本水平。

　　（4）较高的劳动报酬。获取较高的劳动报酬是人力资本配置的自发动因，也是人力资本升值的重要表现。劳动报酬代表着人力资本的市场价值，能够获取较高劳动报酬的人通常是因为更快地感知了市场需求并顺应了这一需求，因此，应当将是否具有较高的劳动报酬作为衡量人力资本与经济增长需求是否"适配"的重要标志之一。

## 2.5　人力资本与经济增长的适配路径

　　根据经济增长对人力资本适配性的基本要求和人力资本在经济增长中的适配性表现，构建人力资本与经济增长的适配路径，如图 2 - 1 所示：

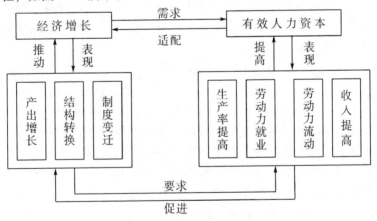

图 2 - 1　人力资本与经济增长适配路径

这一适配路径充分反映了有效人力资本与经济增长之间的双向互动关系。内环路径的起点是经济增长，表明经济增长对有效人力资本的需求，并将有效人力资本的特征显性化为生产率提高、就业能力增强、流动能力增强和劳动报酬的提高。而外环路径的起点是有效人力资本，通过其适配性表现推动和促进经济增长。

本书所关注和研究的是内环路径。即研究经济增长对人力资本"合适性"和"有效性"的要求，在此基础上探索以有效人力资本供给为核心的人力资本适配性培养模式。

鉴于本书以中国经济增长中的人力资本适配性为研究对象，为实证研究的需要，首先需要对中国人力资本适配性进行量化。为此，依据人力资本与经济增长的适配路径，构造人力资本适配度指数衡量其适配性的高低，并详细讨论人力资本适配性与经济增长的关系，从而对中国经济增长中人力资本所发挥的作用做出基本判断。

# 第三章
# 中国经济增长中的
# 人力资本适配度指数

本章基于人力资本适配性的研究框架对中国经济增长过程中人力资本所表现出的适配程度进行分析。为此，首先从人力资本与经济增长的适配路径出发，构造反映人力资本"多维性"、"可变性"和"异质性"的人力资本适配度指数，对其适配程度进行描述。

## 3.1 人力资本与经济增长适配度指标体系

根据人力资本与经济增长的适配路径，在人力资本适配度一级指标下构造人力资本的产出适配能力、结构转换适配能力和制度变迁适能力三个二级指标。鉴于人力资本适配性与经济增长背景的密切联系，本书结合知识经济和全球化背景下对人力资本的要求以及中国经济增长中的特殊情况，将各级指标进一步具体化。

中国人力资本与经济增长适配度综合评价指标体系的基本框架如图 3-1 所示。本框架列出了一至三层指标，其中人力资本与经济增长总体适配度为一级指标，下设三个二级指标、七个三级指标来衡量当前中国人力资本适应经济增长要求的能力。

知识经济与全球化的演进要求中国加快转变经济增长方式，对中国劳动力技能水平与知识积累和技术外溢条件下经济增长对人力资本需求之间的匹配能力提出了更高的要求。为此，在指标体系构建中首先充分考虑了知识经济对人力资本的需求。另外，鉴于中国经济增长的资本推动特征，加入了人力资本的资本聚集能力作为其产出适配的表现之一。考虑中国结构转换的现状，描述了劳动力在产业间及城乡、区域配置上适配性的表现。而中国自 1978 年改革开放以来，市场化改革的不断深化

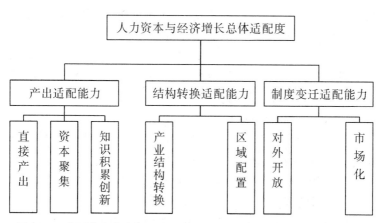

**图 3-1 中国人力资本与经济增长适配度综合评价指标体系基本框架**

和对外开放力度的加大极大地改变了经济增长的环境和轨迹，对中国人力资本适配性影响至深。为此，选择以市场化和对外开放作为中国制度变迁的主要内容，并从这两个方面选择反映人力资本适配性的指标。

因此，从指标体系的构成上看，产出适配能力下设三个三级指标，用以反映人力资本的直接产出能力、资本聚集能力和知识积累创新能力，并选择了 11 个四级指标来反映人力资本的产出能力；结构转换适配能力同时反映人力资本在产业间的转换和区域间的流动配置，为此设置两个三级指标，即产业结构转换适配能力和区域配置能力，并利用 12 个四级指标来反映人力资本的结构转换适配能力；制度变迁适配能力主要反映在对外开放和市场化进程中人力资本的适应能力，同样设置两个三级指标，即人力资本对外开放适配能力和市场化适配能力，并选取了 10 个四级指标来反映人力资本的制度变迁适配能力。

这一框架基本描述了人力资本在经济增长中的要素功能、外部性、因流动配置和区位制度差异而产生的人力资本异质性。然而一至三层指标都是综合指数，只有四级指标直接反映人力资本在经济增长中的表现。因此，要保证这一评价指标体系的科学性和合理性，四级指标的选取和设计至关重要。

为保证各层指数的合理性，规定四级指标的设计原则如下：

（1）指标内容吻合。根据以劳动者作为人力资本直接载体的基本思想，注重从劳动者的产出能力、就业与失业表现和获取报酬的能力方面设置指标。

（2）指标形式恰当。为便于横向比较，综合考虑总量指标、相对指标和平均指标的特点选择恰当的指标形式。

（3）指标数据可得。在指标选择和计算中，要充分考虑现实统计资料的可得性，以免影响评价效果。

（4）指标口径一致。大量指标需进行横向和纵向比较，要求指标具有可比性。

根据以上原则，最终选择和计算了 33 个四级指标，由此构建了中国经济增长中的人力资本适配度指标体系。

## 3.2  指标构成与含义

### 3.2.1  人力资本的产出适配能力指标

（1）直接产出能力指标

直接产出能力表征劳动者利用自身人力资本创造价值的能力，为了剔除地区间劳动力人数不同带来的产出差异，用劳均产出来衡量人力资本的直接产出能力。此外，人力资本具有效率生产的功能，在创造价值的同时能够提高生产效益，改变生产方式。因此，选择能源消耗系数来衡量人力资本产出能力的差异。

①劳均产出

该指标是反映经济体劳动力在一定时期内所创造的价值，

其值越大，说明该经济体劳动力创造价值的能力越强，相应地人力资本价值就越高。其计算公式为：

$$劳均 GDP = \frac{GDP\ 总量}{就业人员总量}$$

②能源消耗系数

能源消耗系数指创造每单位 GDP 所消耗的能源量（用吨标准煤来表示），该指标表明为了实现产出所付出的代价。内生经济增长理论认为人力资本不仅具有要素生产功能，而且具有效率生产功能，通过科技创新活动能够有效改变生产技术关系，提高产出效益，因此我们观察能源消耗系数的情况对人力资本产出的效益进行评估。其计算公式为：

$$能源消耗系数 = \frac{能源消耗总量}{地区\ GDP\ 总量}$$

（2）资本聚集能力指标

人力资本适配性强的地区一般具有较高的资本聚集能力，尤其是外商直接投资对地区初始人力资本水平有着较高的要求。如果人力资本水平较高，则外商直接投资对当地经济会带来显著的效益。因此采用劳动力与资本形成总额和 FDI 的关系来表现人力资本的资本聚集能力。

①劳均资本形成总额

该指标用以反映单位人力资本所拥有的资本形成总额，即人力资本对资本的聚集作用。其计算公式为：

$$劳均资本形成总额 = \frac{资本形成总额}{就业人数}$$

②劳均 FDI

该指标用以反映人力资本吸引外商直接投资的能力，即人力资本对 FDI 的聚集作用。其计算公式为：

$$劳均 FDI = \frac{FDI\ 总额}{就业人数}$$

③1% 资本形成年均产出增长

该指标用以反映地区资本聚集所带来的产出增长，即资本形成总额每增长 1% 带来 GDP 的年均增长额。其计算公式为：

$$\text{1\% 资本形成年均产出增长} = \frac{\text{GDP 年均增长额}}{\text{资本形成总额年均增长率} \times 100}$$

其中：

$$\text{资本形成总额年均增长率} = \sqrt[n]{\frac{\text{报告期资本形成总额}}{\text{基期资本形成总额}}} - 1$$

④1% FDI 年均产出增长

该指标用于反映地区 FDI 增长带来的产出增长，用每 1% 的 FDI 增长所带来的年均 GDP 增长进行计算。其计算公式为：

$$\text{1\% FDI 年均产出增长} = \frac{\text{GDP 年均增长额}}{\text{FDI 年均增长率} \times 100}$$

（3）知识积累与创新产出能力指标

人力资本的知识积累能力主要表现在劳动力的科技活动能力、高新技术产业发展以及新产品产出能力上。因此，我们用地区就业人员中工程师和技术人员的比例、地区拥有的发明专利数、劳均专利授权数、劳均新产品销售收入和劳均高新技术产业产值来衡量劳动力的技术创新能力。其中地区拥有的发明专利数直接采用《2008 年中国科技统计年鉴》数据，其他四个指标的计算公式如下：

$$\text{每万名就业人员中工程师和技术人员数} = \frac{\text{工程师和技术人员数}}{\text{就业人员总数}}$$

$$\text{劳均专利授权数} = \frac{\text{专利授权数}}{\text{就业人员数}}$$

$$\text{劳均新产品销售收入} = \frac{\text{新产品销售收入}}{\text{高技术产业从业人员数}}$$

$$\text{劳均高新技术产值} = \frac{\text{高新技术产业增加值}}{\text{高新技术产业就业人员总数}}$$

## 3.2.2 人力资本的结构转换适配能力指标

（1）产业结构转换适配能力指标

根据知识经济的特征和要求，从由于产业结构升级带来的就业转换、产业结构与就业结构错位度以及劳动力通过产业间的转换配置是否带来更高效益这三个方面来选取评价指标。

①第三产业每万元增加值就业人数增长

该指标主要反映第三产业发展所带来的就业增长，以衡量在产业结构升级的过程中，人力资本从第一、二产业向第三产业配置的速度和力度。该指标值越大，说明产业结构变化引致劳动力流动的趋势越明显，从而说明劳动力所拥有的人力资本在产业结构转换中具有更强的适应能力。其计算公式为：

$$\frac{第三产业每万元}{增加值就业人数增长} = \frac{第三产业就业人数增长}{第三产业增加值增长}$$

②高技术产业每亿元增加值就业人数增长

该指标也是用于反映产业结构升级转换中高技术产业发展带来的就业增长，说明劳动力所拥有的人力资本的高级程度。该指标越大，说明劳动力向高技术产业流动的能力越强，其人力资本层次越高。其计算公式为：

$$\frac{高技术产业每亿元}{增加值就业人数增长} = \frac{高技术产业就业增长}{高技术产业增加值增长}$$

③产业结构高度适配比

该指标用于反映产业结构高度与就业结构高度的配合关系，说明在产业结构不断优化升级中就业结构的优化程度。其中产业结构高度和就业结构高度均是以同时期发达国家产业结构和就业结构作为对比基准，用我国各地区第三产业产值比重及就业比重与发达国家相比得来，该指标越接近于1则说明与发达国家第三产业结构比重相似程度越大。

$$产业结构高度适配比 = \frac{就业结构高度}{产业结构高度}$$

④产业结构错位度

产业结构错位度是通过比较三次产业增加值比重与三次产业就业比重的差距来衡量产业结构转换与就业结构变化之间的关系。这里采用绝对距离对三次产业结构错位幅度进行计算。其计算公式为：

$$产业结构错位度 = \sum_{i=1}^{3} |AV_i - EP_i|$$

其中，AV 表示各次产业增加值比重，EP 表示各次产业就业比重。

⑤第三产业贡献率

第三产业贡献率是第三产业增加值增长与 GDP 增长之比，反映在 GDP 增长中第三产业所占的比重。其计算公式为：

$$第三产业贡献率 = \frac{第三产业增加值增长}{GDP 增长} \times 100\%$$

⑥高技术产业贡献率

高技术产业贡献率是高技术产业增加值增长与 GDP 增长之比，反映高技术产业的发展水平。其计算公式为：

$$高技术产业贡献率 = \frac{高技术产业增加值增长}{GDP 增长} \times 100\%$$

⑦城镇单位第三产业劳均报酬

该指标用于反映就业转换后人力资本价值是否得到有效提升。我们认为就业人员获取的劳动报酬取决于其人力资本的适应能力，如果劳动者所拥有的人力资本是符合市场需要的，并且在配置过程中不存在信息和体制障碍的话，劳动报酬可以视同为人力资本的市场价格，从而间接反映人力资本的价值。考虑到就业结构转换的主要方向是流向第三产业，因此，我们用城镇单位第三产业劳均报酬来衡量劳动者在产业间流动是否带来人力资本价值增值。

$$\frac{城镇单位第三产业}{劳均报酬} = \frac{城镇单位第三产业就业人员报酬}{城镇单位第三产业就业人数}$$

（2）区域配置能力指标

与产业结构转换适配能力指标相似，本书也设置了人力资本在区域间流动和配置的状态及效果指标来全面反映人力资本的区域流动适配能力。同时，本书还考虑了区域流动的方向，即城乡流动和区际流动。根据本书的研究目的，为简化分析，我们忽略了区内流动和国际流动。

①劳动力净流入率

一个地区如果发生劳动力的净流入，则意味着该地区人力资本存量的增加。因此，我们选用了地区的劳动力净流入率作为反映人力资本区域流动能力的指标。其计算公式如下：

$$劳动力净流入率 = \frac{地区劳动力净流入量}{该地区就业人口总数} \times 100\%$$

②城市就业指数

城市就业指数是在"马尔萨斯指数"（m）（李玲，2003）的基础上修改而来的。

马尔萨斯指数是农业劳动力增长速度与劳动力总量增长速度之比，其值越大说明一国或地区的劳动力非农化速度越低，人力资本提升的速度也越慢。如果 m＜1，则说明劳动力总量的增长速度超过了农业劳动力增长速度，该经济就避开了"马尔萨斯陷阱"；反之，则说明非农产业未能有效吸收农村劳动力，该经济将陷入"马尔萨斯陷阱"。

由于本研究是要反映城市对农村劳动力的吸纳能力，因此对马尔萨斯指数进行了修改，用1978—2007年30年间城市就业年均增长速度与劳动力就业总量增长速度相比，命名为"城市就业指数"。该指标值大于1则说明城市就业增长速度超过了劳动力总量的增长速度，劳动力由乡村向城市流动的速度越快，其值越大，城市对农村劳动力的吸纳能力越强。

$$城市就业指数 = \frac{城市就业人员年均增长速度}{劳动力总量年均增长速度}$$

前面已经提到，人力资本在产业和地区间的重新配置不仅表现在其流动和配置情况，还应重点考察人力资本流动和配置的效果。如果人力资本流动无益于经济总量的增长和结构优化，这样的人力资本流动是无效的，更谈不上与经济增长的"适配"了。因此，引入了以下三个指标反映人力资本配置的效果：

③城镇登记失业率：直接采用《2008年中国统计年鉴》所公布的各地区城镇登记失业率数据。

$$④劳动力净流入产出率 = \frac{GDP 增量}{劳动力净流入量}$$

$$⑤地区劳均报酬 = \frac{就业人员劳动报酬总额}{就业人数}$$

### 3.2.3 人力资本的制度变迁适配能力指标

中国制度变迁主要体现在市场化与对外开放进程中，因此，分别从人力资本在这两方面的适配能力进行描述。

（1）人力资本对外开放适配能力指标

考虑用外贸依存度、劳均进出口总值、港澳台外资企业职工人数比重和FDI就业弹性四个指标综合考察人力资本在对外开放中的适配能力。选择这些指标的目的有三个，一是要区分地区对外开放的程度，二是要明确劳动力在对外开放中创造价值的能力，三是要寻求在外向型经济中人力资本适应需求积极配置，顺利就业的能力。

①外贸依存度

一个国家或地区的进口和出口贸易总额在其国内生产总值（GDP）中所占的比重被称为该国（地区）的外贸依存度。外贸依存度反映了一个国家或地区经济对外贸的依赖程度和参与国际分工的程度，折射出其经济发展战略的许多构成要素，并对其国际关系产生重要的影响。其基本公式为：

$$外贸依存度 = \frac{进出口总额}{GDP} \times 100\%$$

②劳均进出口总值

$$劳均进出口总值 = \frac{进出口总值}{就业人数}$$

该指标便于对进出口规模进行横向比较，也间接说明地区就业人员承接国际分工的能力。

③港澳台外资企业职工人数比重

该指标是在港澳台以及外资企业的职工人数占职工总人数的比重，反映一个地区劳动力在外资企业中从业的能力，间接说明劳动力的国际化素质。

$$港澳台及外资企业职工人数比重 = \frac{港澳台外资企业职工人数}{职工总人数} \times 100\%$$

④FDI 就业弹性

这一指标用于衡量地区人力资本是否适应当地 FDI 流入所带来的技术进步和管理创新。由于 FDI 特别强调与东道国的人力资本相匹配，根据人力资本适配性的表现，用地区 FDI 流入是否带来当地就业的显著提升来说明人力资本对 FDI 所带来的技术进步的适应能力。其值越大，说明 FDI 越能显著带来就业增长，则劳动力所拥有的人力资本越能适应对外开放环境。

$$FDI 就业弹性 = \frac{就业年均增长率}{FDI 年均增长率} \times 100\%$$

（2）人力资本市场化适配能力指标

在比较国内已有研究成果的基础上，借鉴卢中原和胡鞍钢（1993）所提出的"投资市场化、价格市场化、工业生产市场化和商业市场化"的观点，根据研究目的和现实情况加入了分配市场化和劳动报酬市场化因素，选择了非国有单位就业比、非国有投资及就业弹性、非国有劳动报酬比重以及非国有工业发展带来的就业增长等指标来反映人力资本在市场化进程中的适应能力。

①私营与国有企业就业人员比

该指标为私营企业及个体就业人员与国有及国有控股企业就业人员之比。该比值越大说明地区私营企业经济越发达，人力资本的市场化适应能力越强。

$$\frac{私营与国有企业}{就业人员比} = \frac{私营及个体就业人员数}{国有及国有控股企业就业人员数}$$

②劳均市场化收入

用劳均市场化收入反映经济利益分配的市场化水平，其中市场化收入是用当年 GDP 减去国家财政收入的余额。

$$劳均市场化收入 = \frac{GDP - 财政收入}{就业人数}$$

③劳均非国有投资

该指标用于反映投资市场化的一般水平。

$$劳均非国有投资 = \frac{全社会固定资产投资总额 - 国有单位固定资产投资}{就业人数}$$

④非国有投资就业弹性

该指标用于说明非国有投资是否有效促进就业增。其值越大说明非国有投资带来的就业增长越快，也说明人力资本对市场化进程的适应能力越强。

$$非国有投资就业弹性 = \frac{就业人数年均增长率}{非国有投资年均增长率} \times 100\%$$

⑤非国有劳动报酬比重

根据按登记单位性质分类的劳动报酬统计资料，可计算出非国有劳动报酬比重。该指标用于反映地区非国有就业人员获取劳动报酬的份额，从整体上说明非国有就业人员获取劳动报酬的能力。

$$\frac{\text{非国有劳动}}{\text{报酬比重}} = \frac{\text{劳动报酬总额} - \text{国有劳动报酬总额}}{\text{劳动报酬总额}} \times 100\%$$

⑥每亿元私营企业工业增加值就业人数

工业生产的市场化被视为反映市场化程度的重要标志，因此，选择私营工业企业的工业增加值所对应的就业水平来反映地区市场化程度对就业的影响。该指标值越大，说明劳动者所拥有的人力资本越能适应市场化生产的需要。

$$\frac{\text{每亿元私营企业}}{\text{工业增加值就业人数}} = \frac{\text{私营企业年末就业人数}}{\text{私营企业工业增加值}}$$

## 3.3  指标计算与数据处理

原始数据取自中国国家统计局网站《2008 年中国统计年鉴》网络版、《2008 年中国科技统计年鉴》光盘版、《2008 年中国高技术产业统计年鉴》光盘版以及《新中国五十五年统计资料汇编》。根据研究目标对中国 30 个省市自治区和直辖市的评价指标进计算，对数据作了如下处理：

首先，考虑到西藏尚不具备现代经济增长特征，不符合本书的研究需要。为避免出现大的偏差，剔除了西藏的数据。

其次，为反映人力资本在产出增长、资本聚集、知识创新、产业结构转换、区域流动以及对外开放和市场化等多方面的灵活性和适应能力，大量指标涉及增长量和增长率的计算。计算增长量和增长率的基本公式为：

增长量 = 报告期水平基期水平

$$增长率 = \sqrt[n]{\frac{\text{报告期水平}}{\text{基期水平}}} - 1$$

　　通过计算指标在较长时间跨度的增长情况反映各地区长期以来经济增长与劳动力配置的基本情况，有助于消除因经济政策宏观环境带来的短期波动对评价结果的影响。然而由于统计资料的不完整性，难以确定统一的基期，为此，根据各指标数据的可得性选择基期水平。在实际计算中，除重庆外，对其他省份的 GDP、产业结构、资本形成总额、第三产业增加值、劳动力净流入、就业的产业分布及城乡分布指标计算增长量或增长率指标均是以 1978 年为对比基期，外商直接投资（FDI）则是以 1987 年为对比基期，非国有投资是以 1985 年为对比基期，而高技术产值增长则是以 2000 年为基期。

　　最后，因历史和政策原因，重庆市 1996 年以前的数据缺失严重，现有研究多是将重庆并入四川进行处理。但考虑到重庆市是西部唯一的直辖市，尽管直辖时间较短，已经表现出不可忽视的经济增长和发展潜力。因此，仍然对重庆计算了人力资本适配度，只是在计算增长速度或增长量时，都是以 1996 年作为基期。

　　在此基础上，根据 33 个评价指标的计算公式得到指标体系的原始数据，如表 3-1、表 3-2、表 3-3 所示。因指标较多，为便于显示和进一步计算处理，我们按三个一级指标，即产出适配、结构转换适配和制度变迁适配分别给出 33 个评价指标的原始数据。

表 3 - 1　　人力资本与经济增长适配指标体系之一——产出适配指标

| 地区 | 劳均GDP 万元 | 能源消耗系数 吨标准煤/万元 | 劳均资本形成总额 万元/人 | 劳均FDI 美元/人 | 1%资本形成年均产出增长 亿元 | 1%FDI年均产出增长 亿元 | 每万名就业人员中工程师和科技人员人数 人 | 地区拥有发明专利数 项 | 劳均专利授权数 项 | 劳均新产品销售收入 万元/人 | 劳均高新技术产值 亿元 |
|---|---|---|---|---|---|---|---|---|---|---|---|
| 北京 | 8.42 | 0.71 | 4.10 | 0.79 | 17.11 | 11.20 | 291.96 | 2 383 | 13.45 | 61.88 | 2.75 |
| 天津 | 11.67 | 1.02 | 6.75 | 1.92 | 9.75 | 5.52 | 178.79 | 274 | 12.90 | 45.17 | 3.79 |
| 河北 | 3.84 | 1.84 | 1.90 | 0.08 | 26.86 | 13.01 | 26.95 | 107 | 1.50 | 3.11 | 0.75 |
| 山西 | 3.70 | 2.76 | 2.07 | 0.11 | 11.49 | 5.14 | 49.37 | 36 | 1.29 | 3.83 | 0.66 |
| 内蒙古 | 5.63 | 2.30 | 4.16 | 0.16 | 10.29 | 4.79 | 28.61 | 1 | 1.21 | 0.11 | 0.51 |
| 辽宁 | 5.32 | 1.70 | 3.06 | 0.53 | 21.60 | 11.56 | 65.03 | 184 | 4.64 | 9.35 | 1.84 |
| 吉林 | 4.82 | 1.52 | 3.54 | 0.29 | 10.06 | 6.34 | 61.46 | 146 | 2.60 | 3.21 | 1.22 |
| 黑龙江 | 4.26 | 1.35 | 1.83 | 0.09 | 14.90 | 9.97 | 49.31 | 91 | 2.59 | 4.35 | 1.18 |
| 上海 | 13.90 | 0.83 | 6.35 | 2.93 | 23.13 | 13.78 | 193.39 | 345 | 27.93 | 28.04 | 5.73 |
| 江苏 | 6.14 | 0.85 | 2.95 | 0.91 | 46.19 | 22.24 | 65.72 | 1 474 | 7.58 | 8.98 | 2.35 |
| 浙江 | 5.19 | 0.83 | 2.35 | 0.40 | 30.53 | 16.77 | 59.89 | 582 | 11.64 | 8.11 | 2.73 |
| 安徽 | 2.05 | 1.13 | 0.95 | 0.07 | 13.44 | 6.54 | 20.74 | 79 | 0.95 | 5.08 | 0.45 |
| 福建 | 4.63 | 0.88 | 2.35 | 0.51 | 15.72 | 11.54 | 37.91 | 407 | 3.88 | 24.62 | 1.40 |
| 江西 | 2.51 | 0.98 | 1.26 | 0.13 | 11.47 | 4.89 | 20.73 | 82 | 0.94 | 3.58 | 0.47 |
| 山东 | 4.93 | 1.18 | 2.40 | 0.18 | 46.33 | 24.61 | 43.49 | 595 | 4.34 | 15.50 | 1.70 |

| 地区 | 劳均GDP | 能源消耗系数 | 劳均资本形成总额 | 劳均FDI | 1%资本形成年均增长产出增长 | 1%FDI年均产出增长 | 每万名就业人员中工程师和技术人员人数 | 地区拥有发明专利数 | 劳均专利授权数 | 劳均新产品销售收入 | 劳均高新技术产值 |
|---|---|---|---|---|---|---|---|---|---|---|---|
| | 万元 | 吨标准煤/万元 | 万元/人 | 美元/人 | 亿元 | 亿元 | 人 | 项 | 项 | 万元/人 | 亿元 |
| 河南 | 2.60 | 1.29 | 1.45 | 0.04 | 26.88 | 17.95 | 21.17 | 107 | 1.21 | 4.01 | 0.58 |
| 湖北 | 3.34 | 1.40 | 1.61 | 0.11 | 18.11 | 13.20 | 45.29 | 229 | 2.39 | 7.84 | 1.12 |
| 湖南 | 2.45 | 1.31 | 1.08 | 0.06 | 18.40 | 9.06 | 24.86 | 114 | 1.52 | 3.29 | 0.66 |
| 广东 | 5.87 | 0.75 | 2.11 | 0.66 | 53.13 | 40.55 | 61.92 | 5 181 | 10.67 | 7.06 | 2.95 |
| 广西 | 2.16 | 1.15 | 1.10 | 0.08 | 11.48 | 7.69 | 15.71 | 63 | 0.69 | 1.59 | 0.31 |
| 海南 | 2.95 | 0.90 | 1.35 | 2.27 | 2.10 | 1.31 | 11.28 | 0 | 0.71 | 0.06 | 0.30 |
| 重庆 | 2.30 | 1.33 | 1.50 | 0.11 | 21.05 | 7.83 | 32.15 | 103 | 2.79 | 9.71 | 1.13 |
| 四川 | 2.20 | 1.43 | 1.09 | 0.06 | 20.89 | 11.72 | 29.07 | 323 | 2.08 | 15.34 | 0.88 |
| 贵州 | 1.20 | 3.06 | 0.62 | 0.01 | 6.11 | 4.06 | 10.40 | 172 | 0.76 | 5.04 | 0.35 |
| 云南 | 1.82 | 1.64 | 1.03 | 0.05 | 9.41 | 4.77 | 14.94 | 66 | 0.82 | 6.65 | 0.39 |
| 陕西 | 2.84 | 1.36 | 1.73 | 0.09 | 10.60 | 8.44 | 50.47 | 212 | 1.80 | 8.00 | 0.84 |
| 甘肃 | 1.97 | 2.11 | 0.96 | 0.02 | 6.58 | 2.60 | 26.18 | 12 | 0.75 | 1.84 | 0.36 |
| 青海 | 2.84 | 3.06 | 1.80 | 0.09 | 1.84 | 0.80 | 26.84 | 5 | 0.80 | 0.06 | 0.29 |
| 宁夏 | 2.87 | 3.95 | 2.11 | 0.07 | 1.90 | 1.37 | 32.73 | 10 | 0.96 | 13.22 | 0.37 |
| 新疆 | 4.40 | 2.03 | 2.61 | 0.04 | 6.80 | 4.83 | 26.16 | 3 | 1.92 | 9.87 | 0.79 |

表3-2　　人力资本与经济增长适配指标体系之二——结构转换适配指标

| 地区 | 第三产业每万元增加值就业人数增长 人/万元 | 高技术产业每亿元增加值就业人数增长 人/亿元 | 产业结构高度适配比 — | 产业结构错位度 % | 第三产业贡献率 % | 高技术产业贡献率 % | 城镇单位第三产业劳均报酬 元/人 | 劳动力净流入率 % | 城市就业指数 — | 城镇登记失业率 % | 劳动力净流入产出率 万元/人 | 地区劳均报酬 元/人 |
|---|---|---|---|---|---|---|---|---|---|---|---|---|
| 北京 | 13.43 | 289.33 | 0.92 | 9.56 | 77.86 | 4.64 | 48 839.93 | 60.04 | 1.10 | 1.84 | 61.52 | 45 823 |
| 天津 | 2.77 | 138.00 | 0.92 | 31.58 | 41.78 | 1.80 | 34 086.28 | 15.26 | 0.79 | 3.59 | 275.86 | 33 312 |
| 河北 | 56.64 | 229.72 | 0.71 | 57.06 | 33.00 | 1.45 | 19 929.49 | 40.87 | 0.88 | 3.83 | 195.73 | 19 742 |
| 山西 | 24.05 | 1 134.47 | 0.85 | 73.04 | 29.23 | 2.10 | 19 603.57 | 37.73 | 1.22 | 3.24 | 93.16 | 21 315 |
| 内蒙古 | 16.97 | 71.83 | 0.79 | 80.28 | 28.82 | 1.06 | 23 911.97 | 39.64 | 1.00 | 3.99 | 91.86 | 21 794 |
| 辽宁 | 28.35 | 65.44 | 1.04 | 55.57 | 27.18 | 4.75 | 25 185.65 | 39.45 | 0.75 | 4.28 | 165.66 | 22 882 |
| 吉林 | 12.32 | -131.06 | 0.82 | 63.97 | 33.52 | 3.08 | 21 381.68 | 41.12 | 0.36 | 3.92 | 74.49 | 20 371 |
| 黑龙江 | 18.01 | -325.66 | 0.85 | 67.18 | 42.62 | 1.68 | 21 955.24 | 39.34 | 0.38 | 4.26 | 106.25 | 18 481 |
| 上海 | 9.52 | 415.74 | 0.96 | 13.68 | 63.89 | 0.19 | 48 781.03 | 20.34 | 1.86 | 4.22 | 466.79 | 44 976 |
| 江苏 | 63.51 | 611.17 | 0.83 | 31.22 | 43.19 | 8.55 | 32 277.63 | 33.76 | 2.29 | 3.17 | 500.25 | 27 212 |
| 浙江 | 43.52 | 777.94 | 0.80 | 27.75 | 44.05 | 4.60 | 42 696.46 | 35.87 | 3.14 | 3.27 | 333.58 | 30 818 |
| 安徽 | 40.05 | 481.52 | 0.68 | 59.20 | 32.68 | 1.47 | 21 226.51 | 47.93 | 0.98 | 4.06 | 78.77 | 21 699 |
| 福建 | 29.19 | 518.01 | 0.75 | 43.27 | 43.43 | 1.77 | 27 659.20 | 53.75 | 1.49 | 3.89 | 79.00 | 22 277 |
| 江西 | 50.46 | 418.86 | 0.93 | 50.61 | 22.89 | 4.04 | 20 093.38 | 42.87 | 1.14 | 3.37 | 72.13 | 18 144 |
| 山东 | 67.61 | 340.05 | 0.84 | 55.10 | 38.39 | 6.54 | 25 559.89 | 46.98 | 1.68 | 3.21 | 290.49 | 22 734 |

| 地区 | 第三产业每万元增加值就业人数增长 人/万元 | 高技术产业每亿元增加值就业人数增长 人/亿元 | 产业结构高度适配比 - | 产业结构错位度 % | 第三产业贡献率 % | 高技术产业贡献率 % | 城镇单位第三产业劳均报酬 元/人 | 劳动力净流入率 % | 城市就业指数 - | 城镇登记失业率 % | 劳动力净流入产出率 万元/人 | 地区劳均报酬 元/人 |
|---|---|---|---|---|---|---|---|---|---|---|---|---|
| 河南 | 89.04 | 269.15 | 0.73 | 71.68 | 29.84 | 2.84 | 20 893.33 | 51.37 | 1.10 | 3.41 | 140.55 | 20 639 |
| 湖北 | 36.41 | 19.34 | 0.86 | 47.72 | 49.12 | 5.24 | 21 467.69 | 30.86 | 1.23 | 4.21 | 203.44 | 19 548 |
| 湖南 | 43.72 | 35.44 | 0.70 | 66.08 | 33.83 | 1.03 | 22 995.98 | 39.19 | 1.33 | 4.25 | 140.49 | 21 060 |
| 广东 | 85.57 | 907.80 | 0.80 | 47.55 | 45.77 | 0.63 | 36 200.23 | 57.00 | 1.59 | 2.51 | 233.10 | 29 658 |
| 广西 | 41.91 | 332.30 | 0.60 | 68.54 | 32.96 | 0.98 | 22 403.25 | 47.25 | 1.08 | 3.79 | 65.65 | 21 251 |
| 海南 | 7.27 | 154.62 | 0.82 | 47.95 | 40.45 | 1.25 | 23 647.27 | 46.60 | 0.89 | 3.49 | 13.83 | 19 220 |
| 重庆 | 18.14 | -6.62 | 0.76 | 55.26 | 27.33 | 3.62 | 24 756.79 | 19.98 | 1.91 | 3.98 | 162.09 | 22 965 |
| 四川 | 77.83 | 176.37 | 0.84 | 53.99 | 30.25 | 8.00 | 23 604.20 | 35.40 | 1.49 | 4.24 | 188.34 | 21 081 |
| 贵州 | 31.33 | -543.71 | 0.79 | 73.18 | 50.78 | 2.25 | 21 578.19 | 53.85 | 0.70 | 3.97 | 23.10 | 20 254 |
| 云南 | 24.55 | 81.14 | 0.56 | 94.26 | 40.60 | 1.13 | 20 919.08 | 49.50 | 1.20 | 4.18 | 47.67 | 19 912 |
| 陕西 | 28.13 | -240.86 | 0.84 | 75.36 | 33.19 | 2.97 | 21 335.37 | 43.91 | 1.05 | 4.02 | 68.78 | 20 977 |
| 甘肃 | 17.78 | -1 678.64 | 0.75 | 80.27 | 32.17 | 0.64 | 20 734.09 | 27.69 | 1.66 | 3.34 | 68.88 | 20 657 |
| 青海 | 8.57 | 292.84 | 0.91 | 67.42 | 28.89 | 1.48 | 27 712.39 | 47.63 | 1.77 | 3.75 | 8.45 | 25 318 |
| 宁夏 | 6.53 | -294.41 | 0.77 | 69.44 | 32.56 | 1.71 | 25 650.11 | 56.17 | 0.92 | 4.28 | 6.84 | 25 723 |
| 新疆 | 11.49 | -9.00 | 0.90 | 68.37 | 39.49 | 0.59 | 24 199.28 | 38.66 | 0.93 | 3.88 | 55.28 | 21 249 |

表 3 – 3　　人力资本与经济增长适配指标体系之三——制度变迁适配指标

| 地区 | 外贸依存度 % | 劳均进出口总值 万美元/人 | 港澳台外资企业职工人数比重 % | FDI就业弹性 % | 私营与国有企业就业人员比 倍 | 劳动市场化收入 亿元 | 劳均非国有投资 亿元 | 非国有投资就业弹性 % | 非国有劳动报酬比重 % | 每亿元私营企业工业增加值就业人数 人/亿元 |
|---|---|---|---|---|---|---|---|---|---|---|
| 北京 | 156.90 | 17 365.15 | 18.06 | 0.08 | 1.65 | 7.07 | 2.60 | 0.12 | 63.20 | 1 318.79 |
| 天津 | 107.58 | 16 511.16 | 30.30 | -0.01 | 1.70 | 10.42 | 3.66 | -0.01 | 54.13 | 885.75 |
| 河北 | 14.16 | 715.51 | 5.04 | 0.03 | 2.91 | 3.62 | 1.51 | 0.06 | 28.78 | 633.05 |
| 山西 | 15.36 | 747.02 | 2.77 | 0.02 | 1.25 | 3.31 | 1.20 | 0.06 | 29.93 | 771.53 |
| 内蒙古 | 9.66 | 715.27 | 1.71 | 0.02 | 1.80 | 5.18 | 2.47 | 0.04 | 31.89 | 443.02 |
| 辽宁 | 41.03 | 2 871.41 | 10.32 | 0.01 | 1.70 | 4.80 | 2.71 | 0.03 | 36.22 | 692.18 |
| 吉林 | 14.82 | 939.44 | 4.29 | 0.01 | 1.86 | 4.53 | 2.42 | 0.03 | 32.01 | 702.21 |
| 黑龙江 | 18.62 | 1 042.05 | 1.65 | 0.03 | 1.10 | 3.99 | 1.01 | 0.05 | 37.17 | 1 055.26 |
| 上海 | 176.46 | 32 267.74 | 34.05 | 0.01 | 3.31 | 11.54 | 3.27 | 0.02 | 56.85 | 938.74 |
| 江苏 | 103.23 | 8 334.31 | 25.85 | 0.02 | 6.67 | 5.61 | 2.46 | 0.05 | 51.66 | 847.80 |
| 浙江 | 71.60 | 4 891.53 | 25.23 | 0.04 | 8.77 | 4.74 | 1.82 | 0.09 | 55.09 | 1 360.52 |
| 安徽 | 16.45 | 442.86 | 4.40 | 0.03 | 3.46 | 1.90 | 1.01 | 0.08 | 40.05 | 968.90 |
| 福建 | 61.21 | 3 724.48 | 42.58 | 0.06 | 3.43 | 4.28 | 1.47 | 0.10 | 58.64 | 1 180.56 |
| 江西 | 13.06 | 430.33 | 5.30 | 0.03 | 3.12 | 2.33 | 1.02 | 0.06 | 25.84 | 792.85 |
| 山东 | 35.87 | 2 327.44 | 15.24 | 0.03 | 3.75 | 4.62 | 2.06 | 0.07 | 44.39 | 601.30 |

| 地区 | 外贸依存度 % | 劳均进出口总值 万美元/人 | 港澳台外资企业职工人数比重 % | FDI就业弹性 % | 私营与国有企业就业人员比 倍 | 劳均市场化收入 亿元 | 劳均非国有投资 亿元 | 非国有投资就业弹性 % | 非国有劳动报酬比重 % | 每亿元私营企业工业增加值就业人数 人/亿元 |
|---|---|---|---|---|---|---|---|---|---|---|
| 河南 | 6.48 | 221.48 | 2.90 | 0.05 | 2.07 | 2.45 | 1.10 | 0.10 | 40.76 | 514.00 |
| 湖北 | 12.25 | 538.14 | 5.58 | 0.02 | 2.25 | 3.13 | 0.99 | 0.05 | 31.12 | 960.29 |
| 湖南 | 8.01 | 258.33 | 4.22 | 0.03 | 3.30 | 2.29 | 0.75 | 0.07 | 34.29 | 864.11 |
| 广东 | 155.14 | 11 981.95 | 37.26 | 0.08 | 6.45 | 5.35 | 1.38 | 0.12 | 53.46 | 1 208.71 |
| 广西 | 11.82 | 335.52 | 4.32 | 0.05 | 3.03 | 2.01 | 0.75 | 0.08 | 26.48 | 798.18 |
| 海南 | 21.85 | 847.23 | 5.95 | 0.04 | 2.34 | 2.69 | 0.87 | 0.08 | 28.03 | 1 295.03 |
| 重庆 | 13.72 | 415.64 | 4.35 | 0.01 | 3.78 | 2.06 | 1.26 | 0.04 | 44.61 | 1 110.73 |
| 四川 | 10.41 | 300.88 | 2.41 | 0.02 | 3.55 | 2.02 | 0.80 | 0.05 | 31.22 | 771.91 |
| 贵州 | 6.30 | 99.44 | 1.18 | 0.07 | 1.49 | 1.08 | 0.38 | 0.12 | 27.26 | 1 011.68 |
| 云南 | 14.10 | 338.11 | 1.68 | 0.04 | 3.40 | 1.64 | 0.58 | 0.09 | 30.60 | 1 067.32 |
| 陕西 | 9.58 | 358.34 | 1.46 | 0.05 | 1.99 | 2.60 | 0.96 | 0.07 | 26.14 | 843.47 |
| 甘肃 | 15.54 | 401.90 | 0.61 | 0.02 | 1.94 | 1.83 | 0.45 | 0.05 | 20.92 | 1 021.00 |
| 青海 | 5.94 | 221.54 | 0.41 | 0.04 | 3.63 | 2.63 | 1.02 | 0.08 | 17.12 | 595.01 |
| 宁夏 | 13.52 | 511.06 | 1.98 | 0.08 | 2.72 | 2.61 | 1.34 | 0.12 | 38.34 | 783.61 |
| 新疆 | 29.60 | 1 712.68 | 1.06 | 0.05 | 1.15 | 4.04 | 1.45 | 0.06 | 26.33 | 875.43 |

## 3.4 指标权重的确定

### 3.4.1 赋权方法简介

通常构权的方法有两种，即主观赋权法与客观赋权法（陈正伟，2008）。

主观赋权法是充分利用专家集体的知识、经验和智慧，必要时辅以一定数学方法的指标权重确定方法。主要有两种类型：专家评判法和层次分析法（AHP）。

专家评判法是通过收集整理专家学者对于备选的各个指标和因素的重要性程度来确定权数的赋权方法，实际运用中多采用德尔菲法来收集专家意见。它是在第一次聘请专家进行赋权的基础上，将统计结果反馈给专家，请他们进行第二次赋权，重点是请偏差较大的专家尽量做出新的判断。如此经过几轮加权、统计、分析、修正后，再确定各个指标的最终权重。此方法能充分利用专家集体的知识、经验和智慧，但如何挑选专家，其代表性、权威性和公正性是关键。此外，该方法在处理专家意见时所采用的数学方法较为粗略，评价结果受人的主观影响较大，往往造成评价结果的偏差。

而层次分析法则是将被评价对象所包含的各种因素按相互影响和隶属关系划分成有效的递阶层次结构。要求专家基于一定客观现实的主观判断，对各层次因素进行两两比较，确定其相对重要性，并通过数学计算与检验，获得最低层相对于最高层的相对重要性权数。在实际运用中，首先是要建立有序的指标层级体系，然后通过两两比较构造判断矩阵，用 1~9 之间的 9 个数字或其倒数来表示，该值越大说明该指标越重要。确定判断矩阵后需要归一化处理，再通过计算即可确定权数。层次分析法能有效把握多层次、多目标问题的影响因素和内在关系，并使决策思维数学化，是一种能提高思维效率减少判断失误的方法。但这种方法要求各指标的相对重要性判断具有一致性，不应产生逻辑错误和前后矛盾，而一旦指标过多，判断矩阵过大，判断不一致的现象时有发生。

为避免出现这样的问题，此后又发展出模糊层次分析法（FAHP），利用简单的比较原则构造优先次序和判断准则，在实际应用中效果较好。跟层次分析法一样，模糊层次分析法首先要求专家对评价指标进行两两比较，判断其相对重要性，得出判断矩阵。与层次分析法不同的是这个判断矩阵中的元素只有三个取值，若认为两个指标同等重要取值为 0.5，一个指标较另一个指标重要取值为 1，反之取值为 0。这样的判断矩阵较层次分析法大为简化，也使我们在构造判断矩阵时更容易做到判断的前后一致性。模糊层次分析法在加入评价者主观判断的同时，也兼顾了评价一致性和评价效果的稳定性，其权数计算公式较为简单，是一种简便适用的赋权方法。

客观赋权法是依靠数理方法对指标进行赋权，权重系数的大小由原始数据信息含量的多少决定。常用的客观赋权法包括：①回归分析法。即用以往所有评价指标评价后得到的数据作为各自的"变量"，以同一类型评价对象的总体评价分作为"因变量"，进行回归分析，从而得出每个指标的最终权重。②主成分分析或因子分析方法。这两种方法都是很重要的数据降维方法，在多指标综合评价中可以对变量赋权，计算综合评价值。主成分分析方法的思想是把相关联的原始变量用不相关的新变量表示为线性组合，被选取的新变量就是"主成分"。主成分的方差越大，说明主成分包含的信息量越大。因子分析认为变量中存在一些不可观测的共同因素同时对原始变量产生影响，需要通过一定的方法提取对变量有较大影响程度（因子载荷高）的公共因子。根据变量与各因子的"紧密"程度，把原始变量归结到各因子中。主成分模型中的系数 $a_{ij}$ 和因子得分模型中的系数 $b_{ij}$ 可以看做指标 $X_i$ 在第 $j$ 个主成分或公共因子上的权重。应用主成分分析或因子分析的前提是原始指标的个数要足够多，并且有一定的相关性。③变异系数法。该方法是根据各个评价指标数值的变异程度来确定评价指标的权数的方法，其基本思路是通过指标数值离散程度的大小来确定权重。一般认为指标数值在个案间的差异越大，说明其包含的信息量越大，该指标作为评价指标的分辨能力越强，所起的作用越大，应该赋予较大的权数。该方法首先需要计算各指标的变异系数，即用标准差除以均值，并对变异系数进行归一化处理，即得各指标权数。④熵权法。该方法是基于信息论中"熵"（Entropy）的概念所提出的赋权方法，是目前公认较科学的客观赋权法。熵的概念源于热力学，在热力学中把可逆过程中物质系统中吸收的热量与热力学温度的比值看做该系统的熵。后由现代信息论创始人申农（C. E. Shannon）引入信息论，现已在工程技术、社会经济等领域得到广泛应用。在信息论中，"熵"是系统无序程度的度量，它还可以度量数据所提供的有效信息量，因此，可以用"熵"来确定权重。当指标数值差异较大时，熵值较小，说明该指标包含的信息量较大，应赋予较大的权重；反之，若某项指标的值相差较小，熵值较大，说明该指标包含的信息量较小，应赋予该指标较小的权重。而当各被评价对象在某项指标上的值完全相同时，熵值达到最大，这意味着该指标未向决策提供任何有用的信息，应当舍弃。

在选择赋权方法上，若为避免主观赋权的随意性，单一采用客观赋权法（如主成分分析法、变异系数法、熵权法等）虽然能够有效传递数据信息与差别，但又忽视了决策者的主观知识与经验。而我们在建立指标体系时，一般都有导向性的观念和思想，因此，仅依靠数据本身所包含的信息来赋权往往又不能根据研究目的给出正确的评价。但反过来，仅依靠决策者的主观知识和经验又容易出现判断不一致的情况，尤其是多层次多因素条件下确定大量指标的优先顺序是很不容易的事情。

因此，本书采用主观赋权与客观赋权相结合的两步赋权法来确定各指标的权重，按照层次分析法赋权的基本步骤，分两阶段进行赋权：第一阶段是利用熵权法对四级指标进行赋权，按照各指标数值的离散程度区分其包含的信息量多少以确定权重，属于客观赋权法；第二阶段则采用模糊层次分析法（FAHP）对三级指标指标和二级指标进行赋权。两步赋权法能够充分发挥熵权法和模糊层次分析法的优点：在四级指标阶段，用熵权法解决复杂的指标优先关系判断；在三级指标和二级指标阶段则利用模糊层次分析法，加入研究者的主观判断，简化指标优先关系判断过程，兼顾了数据信息和评价者的主观意图，避免层次分析法容易出现判断不一致的缺点，使评价结果符合研究的需要。

下面分别介绍这两种方法，同时构造本书各层次指标的权重。

## 3.4.2 熵权法确定三级指标权重

信息论中，当系统可能处于几种不同状态，每种状态出现的概率为 $P_i$（$i = 1, 2, \cdots, n$）时，该定义该系统的熵为：

$$E = -\sum_{i=1}^{n} P_i \ln P_i \quad (0 \leqslant P_i \leqslant 1, \sum_{i=1}^{n} P_i = 1) \quad (3-1)$$

当 $P_i$ 取值相等时，$P_i = \dfrac{1}{n}$，此时有 $E_{max} = \ln(n)$，这称为熵的极值性。

设用 n 个指标所构成的指标体系来评价 m 个待评个案（以

下称为（m，n）问题），第 i 个个案的第 j 个指标值为 $x_{ij}$（i = 1，2，…，m；j = 1，2，…，n），形成的原始指标矩阵为 X = $(x_{ij})_{mn}$。

根据评价指标的性质对原始数据进行 0 - 1 标准化，对正指标根据公式 3 - 2 进行标准化，而对逆指标则根据公式 3 - 3 进行标准化，形成标准化数据矩阵 R。

$$r_{it} = \frac{x_{it} - \min(x_t)}{\max(x_t) - \min(x_t)} \qquad (3-2)$$

$$r_{ij} = \frac{\max(x_j) - x_{ij}}{\max(x_j) - \min(x_j)} \qquad (3-3)$$

定义在一个（m，n）问题中第 j 个评价指标的熵为：

$$H_I = -k \sum_{i=1}^{n} P_{ij} = \ln P_{ij} \quad (j = 1, 2, \cdots, n) \qquad (3-4)$$

其中，$P_{ij} = \dfrac{r_{ij}}{\sum\limits_{i=1}^{m} r_{ij}}$，$k = \dfrac{1}{\ln m}$。要注意的是当 $P_{ij} = 0$ 时，$\ln P_{ij}$

无意义，因此，对公式进行了修改，令 $P_{ij} = \dfrac{1 + r_{ij}}{\sum\limits_{i=1}^{m}(1 + r_{ij})}$，而

第 j 个评价指标的熵权为：

$$w_j = \frac{1 - H_j}{n - \sum\limits_{j=1}^{n} r_{ij}} \qquad (3-5)$$

根据以上原理，熵权法确定指标权重的计算步骤如下：

（1）构建 m 个个案 n 个评价指标的原始数据矩阵：

X = $(x_{ij})_{mn}$，(i = 1，2，…，n；j = 1，2，…，m)

（2）将 X 矩阵进行标准化，得到标准化矩阵 R，R 矩阵元素分正指标和逆指标按标准化公式求得。

（3）根据熵的定义，求得 m 个评价事物 n 个评价指标的

熵 $H_j$。

（4）计算评价指标的熵权 $W_j$。

要注意的是，本指标体系包含 7 个二级指标（B 层）。根据综合评价的需要，对三级指标（C 层）计算熵权需要对应 7 个二级指标来分别计算。即首先根据基本公式计算出所有评价指标的熵 $H_j$，然后分别对 7 个二级指标计算其包含的三级指标的熵权。如 B1 层包含 C1 和 C2 两个指标，则令 $m_1 = 2$，根据熵权公式求出这两个指标各自的权重，其和为 1。以此类推，分别令 $m_2 = 4$，$m_3 = 5$，$m_4 = 7$，$m_5 = 5$，$m_6 = 4$，$m_7 = 6$ 分别求出各 B 层指标所包含的 C 层指标的权重，且每一层指标权重之和为 1，由此得到各三级评价指标的熵权，如表 3-4 所示：

表 3-4　　　　　　　四级评价指标熵值与权重

| B 层 | C 层 | 指标 | 熵值 Hj | 权重 wj |
|---|---|---|---|---|
| B1 直接产出 | C1 | 劳均 GDP | 0.995837735 | 0.578902 |
|  | C2 | 能源消耗系数 | 0.996972329 | 0.421098 |
| B2 资本聚集 | C3 | 劳均资本形成总额 | 0.995312637 | 0.246371 |
|  | C4 | 劳均 FDI | 0.994320242 | 0.298532 |
|  | C5 | 1% 资本形成年均产出增长 | 0.995020895 | 0.261705 |
|  | C6 | 1% FDI 年均产出增长 | 0.996320593 | 0.193392 |
| B3 知识积累 | C7 | 每万名就业人员中工程师和技术人员人数 | 0.995599874 | 0.198909 |
|  | C8 | 地区拥有发明专利数 | 0.996089416 | 0.17678 |
|  | C9 | 劳均专利授权数 | 0.995435946 | 0.20632 |
|  | C10 | 劳均新产品销售收入 | 0.995591723 | 0.199278 |
|  | C11 | 劳均高新技术产值 | 0.995161789 | 0.218713 |

表3-4(续)

| B层 | C层 | 指标 | 熵值 Hj | 权重 wj |
|---|---|---|---|---|
| B4<br>产业结构 | C12 | 第三产业每万元增加值就业人数增长 | 0.994125588 | 0.201747 |
| | C13 | 高技术产业每亿元增加值就业人数增长 | 0.998243518 | 0.060323 |
| | C14 | 产业结构高度适配比 | 0.99707611 | 0.100416 |
| | C15 | 产业结构错位度 | 0.99673372 | 0.112175 |
| | C16 | 第三产业贡献率 | 0.996518793 | 0.119556 |
| | C17 | 高技术产业贡献率 | 0.994617505 | 0.184853 |
| | C18 | 城镇单位第三产业劳均报酬 | 0.993567001 | 0.22093 |
| B5<br>区域配置 | C19 | 劳动力净流入率 | 0.996430136 | 0.239225 |
| | C20 | 城市就业指数 | 0.996777275 | 0.341693 |
| | C21 | 城镇登记失业率 | 0.995394377 | 0.223337 |
| | C22 | 劳动力净流入产出率 | 0.994735763 | 0.339936 |
| | C23 | 地区劳均报酬 | 0.9947605 | 0.175765 |
| B6<br>对外开放 | C24 | 外贸依存度 | 0.992516251 | 0.316168 |
| | C25 | 劳均进出口总值 | 0.995108485 | 0.206653 |
| | C26 | 港澳台外资企业职工人数比重 | 0.99255473 | 0.314543 |
| | C27 | FDI 就业弹性 | 0.996150395 | 0.162636 |
| B7<br>市场化 | C28 | 私营与国有企业就业人员比 | 0.995752927 | 0.164999 |
| | C29 | 劳均市场化收入 | 0.995724682 | 0.166096 |
| | C30 | 劳均非国有投资 | 0.994980101 | 0.195023 |
| | C31 | 非国有投资就业弹性 | 0.996779226 | 0.125127 |
| | C32 | 非国有劳动报酬比重 | 0.99525086 | 0.184504 |
| | C33 | 每亿元私营企业工业增加值就业人数 | 0.995772206 | 0.16425 |

熵权具有如下性质（李晓青和郑蓉，2007）：

（1）指标的熵越大，熵权越小，满足 $0 \leqslant w_j \leqslant 1$ 且 $\sum_{j=1}^{n} w_j = 1$。

（2）当各被评价对象在指标 j 上的值相差越大，熵值越小，熵权越大时，说明该指标向决策者提供了有用的信息；当各被评价对象在指标 j 上的值完全相同时，熵值为1，熵权为0，这意味着该指标应当被取消。

观察求得的熵权，取值合理，分布正常。仅有 C13 高技术产业每亿元增加值就业人数增长的熵权较小，但考虑到高技术产业对劳动力的吸纳作用有助于说明知识经济时代人力资本的配置能力，为保持指标体系的完整性予以保留。总体来看，指标体系各评价指标选择得当，信息含量大，在区分被评价对象的特征及其差异有较强的识别能力。

### 3.4.3  模糊层次分析法确定一级和二级指标权重

模糊层次分析法（FAHP）是一种简便易行、实用性强的赋权方法，与一般的专家意见法相比，有更为成熟的数学处理方法。相对于通常使用的层次分析法（AHP），模糊层次分析法在构造判断矩阵（即后文中的优先关系矩阵）时更为容易，能够很大程度避免层次分析法中的判断矩阵不一致问题。通常可结合使用德尔菲法，选择专家（专家组成既包括学术界的专家、政府的权威人士，也包括企业内的精英等，以尽可能综合各方的意见，减少主观判断对权重确定的影响程度）构造优先关系矩阵。该方法的基本思路和步骤如下：

（1）逐层构造优先关系矩阵

优先关系矩阵 $G = |g_{ij}|_{n \times n}$ 是有限论域 $u = \{u1, u2, \cdots, un\}$ 上的一个三值（0, 0.5, 1）矩阵，矩阵中元素取值为：

$$g_{ij} = \begin{cases} 1 & \text{表示指标 i 比指标 j 重要} \\ 0.5 & \text{表示指标 i 与指标 j 同等重要} \\ 0 & \text{表示指标 i 不如指标 j 重要} \end{cases}$$

因此可以构造 A 层（一级评价指标）的优先关系矩阵 G（A），并对 G（A）按行求和，即：

$$s_i = \sum_{j-1}^{n} g_{ij}$$

A 层因素一共有三个，即 A1 人力资本的产出适配能力、A2

人力资本的结构转换适配能力和 A3 人力资本的制度变迁适配能力。在充分征求专家意见的基础上，考虑当前我国处于经济高速增长与经济转型时期，认为三方面因素在评估地区人力资本适应能力方面缺一不可，同等重要。因此，对这三个因素应赋予相同的权数。

接下来分别构造 A1、A2 和 A3 层各因素的权重。

首先列出 A1 层各因素的优先关系，如表 3 - 5 所示：

表 3 - 5 　　　　A1 层因素优先关系矩阵

|  | B1 | B2 | B3 | s（i） |
|---|---|---|---|---|
| B1 | 0.5 | 1 | 0 | 1.5 |
| B2 | 0 | 0.5 | 0 | 0.5 |
| B3 | 1 | 1 | 0.5 | 2.5 |

（2）计算模糊判断矩阵与权重

根据下面公式计算模糊判断矩阵 K（A1），如表 3 - 6 所示：

$$k_{ij} = (s_i - s_j)/2n + 0.5 \tag{3-6}$$

表 3 - 6 　　　　A1 层因素模糊判断矩阵

|  | A1 | A2 | A3 |
|---|---|---|---|
| A1 | 0.5 | 0.5 | 0.33 |
| A2 | 0.5 | 0.5 | 0.17 |
| A3 | 0.67 | 0.67 | 0.5 |

再根据如下公式计算该层指标权重。

$$w_i = \bar{k}_i \bigg/ \sum_{i=1}^{m} \bar{k}_i \quad （其中：\sqrt[n]{\prod k_{ij}}） \tag{3-7}$$

可得 A 层三个指标的权重向量为：

$$W（A_1） = (0.3144 \quad 0.2496 \quad 0.4360)^T$$

（3）按照相同的方法，在征求专家意见基础上分别在 A2 层和 A3 层构造优先关系矩阵，计算模糊判断矩阵，得到 B 层因素的权重。A2 层模糊判断矩阵与计算所得权重如表 3－7 所示：

表 3－7　　　　　　　A2 层因素模糊判断矩阵

|  | B4 | B5 | 权重 |
|---|---|---|---|
| B4 | 0.5 | 1 | 0.634 |
| B5 | 0 | 0.5 | 0.366 |

A3 层模糊判断矩阵与计算所得权重如表 3－8 所示：

表 3－8　　　　　　　A3 层因素模糊判断矩阵

|  | B6 | B7 | 权重 |
|---|---|---|---|
| B6 | 0.5 | 0.5 | 0.5 |
| B7 | 0.5 | 0.5 | 0.5 |

在此，结合熵权法与模糊层次分析法确定了指标体系各层因素及指标的全部权重，将人力资本与经济增长适配度评价指标体系列表，如表 3－9 所示：

表 3 - 9　人力资本与经济增长适配度评价指标体系构成及权重

| 一级指标 | 二级指标 | 三级指标 | 四级指标 |
|---|---|---|---|
| 中国人力资本与经济增长总体适配度 | 产出适配能力 A1（1/3） | 直接产出能力 B1（0.3144） | 劳均 GDP（万元）C1（0.578 902） |
| | | | 能源消耗系数 C2（0.421 098） |
| | | 资本聚集产出能力 B2（0.2496） | 劳均资本形成总额 C3（0.246 371） |
| | | | 劳均 FDI C4（0.298 532） |
| | | | 1% 资本形成年均产出增长 C5（0.261 705） |
| | | | 1% FDI 年均产出增长 C6（0.193 392） |
| | | 知识积累创新产出能力 B3（0.4360） | 每万名就业人员中工程师和技术人员数 C7（0.198 909） |
| | | | 地区拥有发明专利数 C8（0.176 78） |
| | | | 劳均专利授权数 C9（0.206 32） |
| | | | 劳均新产品销售收入 C10（0.199 278） |
| | | | 劳均高新技术产值 C11（0.218 713） |
| | 结构转换适配能力 A2（1/3） | 产业结构转换适配能力 B4（0.6340） | 第三产业每万元增加值就业人数增长 C12（0.127 954） |
| | | | 高技术产业每亿元增加值就业人数增长 C13（0.044 753） |
| | | | 产业结构高度适配比 C14（0.112 576） |
| | | | 产业结构错位度 C15（0.125 759） |
| | | | 第三产业贡献率 C16（0.134 034） |
| | | | 高技术产业贡献率 C17（0.207 238） |
| | | | 城镇单位第三产业劳动报酬 C18（0.247 685） |
| | | 区域配置能力 B5（0.3660） | 劳动力净流入率 C19（0.239 225） |
| | | | 城市就业指数 C20（0.333 86） |
| | | | 城镇登记失业率 C21（0.218 217） |
| | | | 劳动力净流入产出率 C22（0.332 143） |
| | | | 地区劳动报酬 C23（0.171 736） |
| | 制度变迁适配能力 A3（1/3） | 对外开放适配能力 B6（0.5） | 外贸依存度 C24（0.305 882） |
| | | | 劳均进出口总值 C25（0.199 93） |
| | | | 港澳台外资企业职工人数比重 C26（0.304 309） |
| | | | FDI 就业弹性 C27（0.189 879） |
| | | 市场化适配能力 B7（0.5） | 私营与国有企业就业人员比 C28（0.164 999） |
| | | | 劳均市场化收入 C29（0.166 096） |
| | | | 劳均非国有投资 C30（0.195 023） |
| | | | 非国有投资就业弹性 C31（0.125 127） |
| | | | 非国有劳动报酬比重 C32（0.184 504） |
| | | | 每亿元私营企业工业增加值就业人数 C33（0.164 25） |

## 3.5　人力资本适配度指数的计算与描述

### 3.5.1　中国各省市区人力资本适配度指数及排序

计算综合指数时，为了消除数据量纲的影响，首先要对指标数据进行 0 - 1 规格化处理。由于本书涉及大量强度相对指标，须区分正指标和逆指标，分别采用不同的公式进行计算。本指标体系共有三个逆指标，即能源消耗系数、城镇登记失业率和产业结构错位度，对这三个指标采用公式 3 - 3 进行标准化，其他指标则采用公式 3 - 2 进行标准化处理。根据指标体系和各自权重逐层计算出人力资本与经济增长适配能力各层指数及总指数。各层指数计算结果如表 3 - 10 所示：

表 3 - 10　中国人力资本与经济增长适配度指数各层计算结果

| 地区 | 总指数 | 产出适配能力 | | | | 结构转换适配能力 | | | 制度变迁适配能力 | | |
|---|---|---|---|---|---|---|---|---|---|---|---|
| | | 指数 | 直接产出 | 资本聚集 | 知识积累 | 指数 | 产业结构 | 区域配置 | 指数 | 对外开放 | 市场化 |
| 北京 | 0.674 | 0.617 | 0.750 | 0.348 | 0.675 | 0.722 | 0.697 | 0.767 | 0.682 | 0.659 | 0.704 |
| 天津 | 0.520 | 0.617 | 0.859 | 0.504 | 0.507 | 0.392 | 0.388 | 0.398 | 0.551 | 0.519 | 0.584 |
| 河北 | 0.246 | 0.207 | 0.395 | 0.245 | 0.050 | 0.332 | 0.302 | 0.383 | 0.200 | 0.102 | 0.297 |
| 山西 | 0.208 | 0.146 | 0.269 | 0.139 | 0.060 | 0.308 | 0.254 | 0.401 | 0.171 | 0.077 | 0.265 |
| 内蒙古 | 0.208 | 0.197 | 0.416 | 0.219 | 0.026 | 0.244 | 0.202 | 0.317 | 0.182 | 0.054 | 0.310 |
| 辽宁 | 0.320 | 0.300 | 0.480 | 0.304 | 0.167 | 0.371 | 0.402 | 0.317 | 0.289 | 0.211 | 0.367 |
| 吉林 | 0.241 | 0.250 | 0.481 | 0.214 | 0.103 | 0.244 | 0.251 | 0.232 | 0.229 | 0.121 | 0.338 |
| 黑龙江 | 0.232 | 0.233 | 0.477 | 0.167 | 0.095 | 0.237 | 0.256 | 0.204 | 0.227 | 0.120 | 0.334 |
| 上海 | 0.704 | 0.771 | 0.985 | 0.701 | 0.656 | 0.616 | 0.565 | 0.704 | 0.726 | 0.787 | 0.664 |
| 江苏 | 0.559 | 0.437 | 0.628 | 0.516 | 0.253 | 0.723 | 0.659 | 0.835 | 0.517 | 0.451 | 0.583 |

| 地区 | 总指数 | 产出适配能力 | | | | 结构转换适配能力 | | | 制度变迁适配能力 | | |
|---|---|---|---|---|---|---|---|---|---|---|---|
| | | 指数 | 直接产出 | 资本聚集 | 知识积累 | 指数 | 产业结构 | 区域配置 | 指数 | 对外开放 | 市场化 |
| 浙江 | 0.541 | 0.382 | 0.588 | 0.334 | 0.262 | 0.696 | 0.607 | 0.850 | 0.544 | 0.371 | 0.716 |
| 安徽 | 0.236 | 0.169 | 0.406 | 0.106 | 0.034 | 0.295 | 0.268 | 0.344 | 0.243 | 0.114 | 0.372 |
| 福建 | 0.424 | 0.315 | 0.556 | 0.244 | 0.181 | 0.395 | 0.359 | 0.456 | 0.561 | 0.556 | 0.566 |
| 江西 | 0.248 | 0.180 | 0.446 | 0.107 | 0.031 | 0.379 | 0.383 | 0.372 | 0.184 | 0.101 | 0.266 |
| 山东 | 0.420 | 0.352 | 0.531 | 0.432 | 0.178 | 0.571 | 0.523 | 0.655 | 0.337 | 0.244 | 0.430 |
| 河南 | 0.279 | 0.208 | 0.411 | 0.248 | 0.040 | 0.421 | 0.391 | 0.472 | 0.208 | 0.123 | 0.294 |
| 湖北 | 0.274 | 0.228 | 0.429 | 0.193 | 0.104 | 0.394 | 0.423 | 0.342 | 0.201 | 0.107 | 0.295 |
| 湖南 | 0.226 | 0.183 | 0.400 | 0.148 | 0.046 | 0.301 | 0.267 | 0.361 | 0.194 | 0.081 | 0.307 |
| 广东 | 0.620 | 0.525 | 0.630 | 0.581 | 0.418 | 0.627 | 0.546 | 0.766 | 0.707 | 0.763 | 0.650 |
| 广西 | 0.215 | 0.160 | 0.408 | 0.109 | 0.012 | 0.284 | 0.237 | 0.365 | 0.200 | 0.138 | 0.263 |
| 海南 | 0.252 | 0.216 | 0.477 | 0.264 | 0.001 | 0.281 | 0.261 | 0.317 | 0.257 | 0.150 | 0.364 |
| 重庆 | 0.253 | 0.211 | 0.391 | 0.177 | 0.100 | 0.325 | 0.293 | 0.381 | 0.223 | 0.046 | 0.400 |
| 四川 | 0.288 | 0.208 | 0.373 | 0.173 | 0.108 | 0.490 | 0.545 | 0.395 | 0.168 | 0.072 | 0.263 |
| 贵州 | 0.187 | 0.057 | 0.116 | 0.038 | 0.025 | 0.293 | 0.289 | 0.302 | 0.211 | 0.154 | 0.269 |
| 云南 | 0.191 | 0.137 | 0.329 | 0.078 | 0.032 | 0.222 | 0.156 | 0.335 | 0.215 | 0.104 | 0.327 |
| 陕西 | 0.228 | 0.203 | 0.412 | 0.134 | 0.092 | 0.290 | 0.271 | 0.322 | 0.190 | 0.123 | 0.257 |
| 甘肃 | 0.151 | 0.107 | 0.275 | 0.048 | 0.020 | 0.220 | 0.133 | 0.371 | 0.126 | 0.043 | 0.209 |
| 青海 | 0.188 | 0.079 | 0.190 | 0.055 | 0.013 | 0.331 | 0.268 | 0.441 | 0.152 | 0.075 | 0.230 |
| 宁夏 | 0.205 | 0.069 | 0.076 | 0.069 | 0.064 | 0.260 | 0.217 | 0.336 | 0.287 | 0.191 | 0.383 |
| 新疆 | 0.219 | 0.188 | 0.396 | 0.127 | 0.072 | 0.259 | 0.243 | 0.286 | 0.211 | 0.133 | 0.289 |

对各层指数进行排序，按适配度由高到低将中国 30 个省市区按顺序排列，如表 3－11 所示。

表 3 - 11　　　　　　　　各层指数排序结果

| 地区 | 总指数 | 产出适配能力 | | | | 结构转换适配能力 | | | 制度变迁适配能力 | | 市场化 |
|---|---|---|---|---|---|---|---|---|---|---|---|
| | | 指数 | 直接产出 | 资本聚集 | 知识积累 | 指数 | 产业结构 | 区域配置 | 指数 | 对外开放 | |
| A | A1 | B1 | B2 | B3 | A2 | B4 | B5 | A3 | B6 | B7 | |
| 上海 | 1 | 1 | 1 | 1 | 2 | 5 | 4 | 5 | 1 | 1 | 3 |
| 北京 | 2 | 2 | 3 | 6 | 1 | 2 | 1 | 3 | 3 | 3 | 2 |
| 广东 | 3 | 4 | 4 | 2 | 4 | 4 | 5 | 4 | 2 | 2 | 4 |
| 江苏 | 4 | 5 | 5 | 3 | 6 | 1 | 2 | 2 | 7 | 6 | 6 |
| 浙江 | 5 | 6 | 6 | 7 | 5 | 3 | 3 | 1 | 6 | 7 | 1 |
| 天津 | 6 | 3 | 2 | 4 | 3 | 11 | 11 | 11 | 5 | 5 | 5 |
| 福建 | 7 | 8 | 7 | 12 | 7 | 9 | 13 | 8 | 4 | 4 | 7 |
| 山东 | 8 | 7 | 8 | 5 | 8 | 6 | 7 | 6 | 8 | 8 | 8 |
| 辽宁 | 9 | 9 | 10 | 8 | 9 | 13 | 9 | 26 | 9 | 9 | 12 |
| 四川 | 10 | 16 | 24 | 17 | 10 | 7 | 6 | 12 | 28 | 27 | 26 |
| 河南 | 11 | 15 | 17 | 10 | 21 | 8 | 10 | 7 | 19 | 16 | 21 |
| 湖北 | 12 | 12 | 14 | 15 | 11 | 10 | 8 | 20 | 20 | 20 | 20 |
| 重庆 | 13 | 14 | 23 | 16 | 13 | 16 | 15 | 14 | 15 | 29 | 9 |
| 海南 | 14 | 13 | 12 | 9 | 30 | 23 | 21 | 25 | 11 | 12 | 13 |
| 江西 | 15 | 22 | 13 | 24 | 24 | 12 | 12 | 15 | 25 | 23 | 24 |
| 河北 | 16 | 17 | 22 | 11 | 19 | 14 | 14 | 13 | 22 | 22 | 19 |
| 吉林 | 17 | 10 | 9 | 14 | 12 | 27 | 24 | 29 | 13 | 17 | 14 |
| 安徽 | 18 | 23 | 8 | 25 | 22 | 19 | 19 | 19 | 12 | 19 | 11 |
| 黑龙江 | 19 | 11 | 11 | 18 | 14 | 28 | 22 | 30 | 14 | 18 | 15 |
| 陕西 | 20 | 18 | 16 | 21 | 15 | 21 | 17 | 23 | 24 | 15 | 28 |
| 湖南 | 21 | 21 | 20 | 19 | 20 | 18 | 20 | 18 | 23 | 24 | 18 |
| 新疆 | 22 | 20 | 21 | 22 | 16 | 25 | 25 | 28 | 18 | 14 | 22 |
| 广西 | 23 | 24 | 18 | 23 | 29 | 22 | 26 | 17 | 21 | 13 | 27 |
| 山西 | 24 | 25 | 27 | 20 | 18 | 17 | 23 | 10 | 27 | 25 | 25 |
| 内蒙古 | 25 | 19 | 15 | 13 | 25 | 26 | 28 | 24 | 26 | 28 | 17 |
| 宁夏 | 26 | 29 | 30 | 27 | 17 | 24 | 27 | 21 | 10 | 10 | 10 |
| 云南 | 27 | 26 | 25 | 26 | 23 | 29 | 29 | 22 | 16 | 21 | 16 |
| 青海 | 28 | 28 | 28 | 28 | 28 | 15 | 18 | 9 | 29 | 26 | 29 |
| 贵州 | 29 | 30 | 29 | 30 | 26 | 20 | 16 | 27 | 17 | 11 | 23 |
| 甘肃 | 30 | 27 | 26 | 29 | 27 | 30 | 30 | 16 | 30 | 30 | 30 |

### 3.5.2 中国经济增长中人力资本适配度的总体评价

计算结果显示，在人力资本与经济增长适配性的总体评估中，东部地区的劳动者显示出较强的适应能力。其中，总体适配性最强的是上海，依次是北京、广东、江苏、浙江、天津、福建、山东和辽宁。

而西部的人力资本在适配性总体评价中处于落后局面，除了四川、重庆和陕西外，其余的西部省市排名垫底。适配性最差的 5 个省区按顺序依次是甘肃、贵州、青海、云南和宁夏，其中甘肃仅有 0.151 的得分。

中部地区人力资本适配度大致处于中间水平，但与西部地区的人力资本适配度差距很小。综合来看，各省份评价结果与目前经济增长水平基本适应，说明评价指标体系设置较为合理，评价效果较好。

对总体适配度的分布、总体适配度与各二级适配指数的统计特征进行描述，观察其均值及散布特征，并对二级适配指数的相关性进行分析。

观察各地区总体适配度的分布，如图 3-1 所示，30 个省市区中有 20 个地区的总体适配度在 0.2~0.3 区间内，而得分在 0.3 以上的只有 9 个地区。这说明当前各地区人力资本适配度普遍较低，劳动者还不具备适应知识经济时代和经济全球化所需要的劳动能力和适应能力，导致较低的经济水平。这表现在劳动生产率低，经济增长方式难以转变，产业结构难以有效转换，人力资本低下难以有效聚集资本，而市场化和对外开放对于大部分地区来说并未起到有效促进就业、提高劳动者收入的作用。

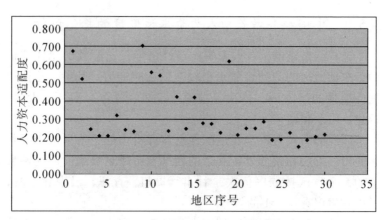

图 3 - 1　各地区总体适配度指数分布

对总体适配度及各级适配指数计算描述统计指标，如表 3 - 12 所示：

表 3 - 12　　总体适配度与各级适配指数描述统计指标

| 描述统计 | 总体适配度 | 产出适配能力 | | | | 结构转换适配能力 | | | 制度变迁适配能力 | | |
|---|---|---|---|---|---|---|---|---|---|---|---|
| | | 指数 | 直接产出 | 资本聚集 | 知识积累 | 指数 | 产业结构 | 区域配置 | 指数 | 对外开放 | 市场化 |
| 均值 | 0.319 | 0.265 | 0.453 | 0.234 | 0.147 | 0.384 | 0.355 | 0.434 | 0.306 | 0.226 | 0.386 |
| 标准差 | 0.159 | 0.173 | 0.192 | 0.168 | 0.183 | 0.155 | 0.152 | 0.179 | 0.181 | 0.219 | 0.152 |
| 标准差系数 | 0.499 | 0.651 | 0.424 | 0.717 | 1.244 | 0.404 | 0.427 | 0.412 | 0.591 | 0.966 | 0.394 |
| 全距 | 0.553 | 0.714 | 0.908 | 0.663 | 0.674 | 0.503 | 0.563 | 0.646 | 0.599 | 0.744 | 0.507 |
| 偏度 | 1.313 | 1.477 | 0.698 | 1.233 | 1.939 | 1.138 | 0.814 | 1.306 | 1.335 | 1.557 | 1.088 |

从总体适配度及各层适配指数的表现来看可以得到以下几个结论：

（1）总体适配程度较低，平均仅为 0.319，各地区适配度指数差异较大，最高得分几乎是最低得分的 5 倍，差距达到 0.553。

（2）所有适配指数均为正偏分布，说明大部分地区的适配指数小于平均数。二级适配指数中，结构转换适配指数的偏离程度相对较小，产出适配指数偏离程度最大，说明各地区在结构转换过程中人力资本适配能力的表现差异相对较小，而在产出方面，尤其是在知识积累和创新产出方面差异巨大，偏离程度达到 1.939。

（3）结构转换适配指数得分相对较高，为 0.384，离散程度在三个二级适配指数里也是最小的，说明中国各地区劳动者在适应结构变化方面的能力强于产出适配能力和制度变迁适配能力。从三级指数来看，产业结构转换能力弱于区域配置能力。由于不同产业对职业技能有着特殊需求，人力资本专用性较强，因此，产业间转换的主要障碍是劳动者未具备相应的基本技能和技术水平。由此可见，劳动者职业能力单一，学习能力较差，难以适应产业结构转换的需求。

（4）在所有的二级适配指数中，产出适配指数得分最低，离散程度最大。

具体分析其三级指数可发现：

使人力资本产出能力偏低最大的影响因素是人力资本的知识积累和创新产出能力，在三项产出能力上得分最低，各地区平均仅为 0.147。这说明大部分地区的劳动者缺乏知识积累能力，不适应技术进步和创新产出的要求。

资本聚集能力，得分偏低，平均仅为 0.234。这说明大部分地区的劳动者由于其人力资本较低，在吸引资本投入上缺乏优势，使得这些地区资本积累能力降低从而影响产出能力。

直接产出能力表现尚可。

（5）制度变迁适配能力方面，人力资本对市场化的适应能力高于对外开放的适应能力，劳动者已开始逐步适应自 20 世纪 80 年代开始的各项改革措施，非国有经济的发展在促进就业和提高收入上起到了重要的作用。而各地区劳动者在对外开放中的适应表现则不一而足，首先是得分差距大，最高分与最低分相差达 0.744，差距居各层指数前列。同时其偏离程度在所有指数中排名第二，仅次于知识积累和创新产出，更说明大部分地区的劳动者在对外开放中的适应能力远远低于平均水平。

（6）从各项人力资本适配指数的关系上看，各项适配指数均表现出明显的相关性，尤其是产出适配能力与制度变迁适配能力呈现高度相关。由此可知，人力资本在经济增长中的各项适配能力具有交互关系，可能相互促进或相互约束。因此，使各项能力均衡发展有利于提高人力资本适配度。然而，现实情况是大部分地区人力资本适配能力都非常不均衡，也因此造成人力资本总体适配度的低下。如表3-13所示：

**表3-13　　　　　　　二级适配指数相关系数表**

| 相关系数 | 产出<br>适配能力 | 结构转换<br>适配能力 | 制度变迁<br>适配能力 |
|---|---|---|---|
| 产出适配能力 | 1 | | |
| 结构转换适配能力 | 0.749 6 | 1 | |
| 制度变迁适配能力 | 0.900 6 | 0.780 3 | 1 |

# 第四章
# 人力资本适配度与经济
# 增长影响因素相关性分析

人力资本适配度指数是用于考察人力资本与经济增长要求适应与配合程度的综合指数，因此，对人力资本适配性的判定和深入研究不能离开具体的经济增长背景。为寻找人力资本适配性影响经济增长的路径和方式，本章从人力资本适配度与经济增长各主要影响因素之间的关系入手，探讨人力资本适配性在经济增长中的角色和地位，证明从人力资本适配性寻找经济增长原因的正确性。

## 4.1　经济增长影响因素分析

古典经济增长理论认为长期经济增长主要取决于要素投入的多少。亚当·斯密将土地、劳动和资本视作经济增长要素，而萨伊则提出劳动、资本和自然资源三要素论；新古典经济增长理论在影响经济增长的因素中加入了外生的技术进步因素，强调其在经济增长中的主要作用；肯德里克和丹尼森等经济学家则引入了全要素生产率的概念，同时强调了要素投入的数量和质量对经济增长的影响；而内生经济增长理论则认为知识、技术和人力资本是决定经济增长能力的重要变量，并将人力资本视为经济增长的源泉。

综合不同阶段经济增长理论对经济增长因素的研究，影响长期经济增长的主要因素大致有以下五个方面：

（1）物质资本投入

物质资本投入是促进一国经济增长的首要和直接途径。纵观世界发达国家的经济增长轨迹，在经济起飞之时总是伴随着较高的物质资本投入，当经济增长取得一定成就后物质资本积累的力度会逐渐减弱。因此，物质资本投入与经济增长所处的阶段、环境和背景密切相关。当前一些发达国家出现的二次"资本深化"现象则是由于技术进步速度加快了资本品的更新换代，从而使物质资本投入显著提高。但总体而言，不发达国家物质资本投入力度普遍高于发达国家，其经济增长的资本推动特征非常明显。

（2）劳动力投入

新古典经济增长模型只考虑了同质劳动力的投入对经济增长的影响，内生经济增长理论则加入了反映劳动力能力差异的人力资本因素。但内生经济增长理论通常将劳动力投入分解为劳动力数量投入与人力资本因素投入，认为劳动力投入是劳动力数量与质量的乘积，这一思想在卢卡斯模型中表现得非常清楚。沿袭内生经济增长理论展开的实证研究通常分别就人力资本的数量和质量对经济增长的贡献进行了研究，如王金营（2001）和魏立萍（2005）等对中国人力资本和经济增长的实证研究。

针对现有经济增长理论中通常用劳动力数量和人力资本水平的乘积来衡量劳动力投入的现象，本书认为，劳动力所具有的人力资本是依附于劳动力本身的，无法分离，在经济增长模型中的劳动力数量实际上已经包含了劳动力质量和其具有的人力资本，再加入人力资本水平对劳动力投入来说已经存在重复计算。因此本书并未采取这种质量与数量分离的做法来考察劳动力人力资本在经济增长中所起的作用，而是将索洛模型与卢卡斯模型相结合，用劳动力数量代表劳动力投入，用人力资本适配性衡量人力资本水平的高低，避免了将劳动力与其人力资本硬性分离；同时又注意把握人力资本的可变性、差异性及其在经济增长中的表现，与以往的研究相比将更具有科学性和合理性。

（3）知识积累与创新

新古典增长理论强调了技术进步在经济增长中的作用。自索洛模型开始，技术进步在经济增长模型中一直处于中心位置。然而技术进步作为"不可解释的残差"（纳尔森，2001）在经济增长中的作用显得非常模糊。

知识经济时代的来临使得知识积累与创新活动的重要性日益明显，正如罗默（1986）模型所表达的思想，内生经济增长理论充分肯定了知识积累、知识外溢和创新活动在经济增长中的作用。由于技术进步与知识积累和创新活动存在非常密切的关系，加上知识积累和创新在涵义上较技术进步更为确切，因此在实证研究中更容易把握。这使得知识积累与创新具备从理论和实证上解释经济增长差异的能力。

（4）结构变动

库兹涅茨和钱纳里等结构主义经济学家认为经济增长的本质是结构变化的过程，他们通过对不同国家经济增长差异的观察和计量分析，认为影响经济增长的因素不只是新古典增长模型中的资本、劳动力和技术进步。库兹涅茨在其著作中提出了影响经济增长的主要因素还应当包括知识存量的增加、劳动生产率的提高和产业结构的变化，并从产业结构出发去研究现代经济增长的特征（龚仰军，2002）。而钱纳里则认为还应包括劳动力和资本的配置、出口的增加、国际收支的增减和一国经济的发展阶段等结构性因素（龚仰军，2002）。

库兹涅茨基于长期国民经济统计资料的实证研究解释了伴随一国经济增长的产值结构和劳动力结构的变化趋势，而钱纳里和塞尔奎因在建立数学模型的基础上分析比较了一些国家的工业化经验，明确提出了经济结构转变与经济增长的密切关系。

国内的一些实证研究成果也支持了结构变动因素在经济增长中的作用。如北京大学中国国民经济核算与经济增长研究中心（2008）在其《中国经济增长报告（2008）——经济结构与可持续发展》中指出改革开放后产业结构升级和市场化进程对中国的经济增长做出了积极贡献，并且随着产业结构升级和市场化水平的不断提高，中国经济的稳定性也在不断提高。

（5）制度因素

新制度经济理论认为引起经济增长的根本原因在于制度创新。道格拉斯·诺斯 1968 年发表的关于海洋运输生产率变化原因的文章首次从制度的完善和创新角度分析了提高生产率的途径。他认为，即使是没有技术变化通过制度创新也能提高生产率和实现经济增长（卢现祥，2003）。

20 世纪 60 年代以前的经济增长模型主要是通过物质生产要素的变化说明生产率的变化和经济增长的原因，并未涉及制度因素。此后，一些经济学家开始重视制度变化对经济增长的影响。如杨小凯、博兰德、贝加等人利用交易费用原理将劳动分工的"规模收益递增"和"协调分工的成本"纳入经济增长模型之中（卢现祥，2003）。

制度经济学家们认为良好的制度环境有助于确定交易主体之间的相互关系，降低交易费用，减少不确定性，从而提高交易收益。制度创新的本质是生产关系的调整，有效的制度能够促进经济增长，而不利的制度必将阻碍经济增长。按照制度经济学派的观点，制度也是一个稀缺因素，当经济增长中制度是一个瓶颈因素时，制度创新或制度变迁都会带来经济增长（卢现祥，2003）。

制度学派强调制度供给对经济增长的贡献非常符合中国经济增长的实际情况。自 1978 年实行改革开放以来，对外开放和市场化改革的不断深入给中国带来了巨大的经济活力，也使中国经济走上了快车道。近年的研究根据知识经济时代的特征和要求，将知识因素、制度因素和文化因素加入经济增长模型。

如 Barro、Quah、Rodrik 等将制度和政策机制作为经济增长的重要决定因素引人实证研究中（王健，2008）。而中国经济增长模型也越来越多地包含了制度变迁因素。如刘红、唐元虎（2001）、王文博等（2002）、易纲、樊纲、李岩（2003）、章安平（2005）、何东霞、何一鸣（2006）、潘慧峰、杨立岩（2006）等的理论和实证分析结果显示制度变迁对中国经济增长起到了非常重大的推动作用。

考察经济增长理论中关于经济增长影响因素的变化，各阶段的界定并无本质的差异，主要区别是在部分要素上进行了细化。为寻找人力资本适配性影响经济增长的证据，本书针对中国经济增长中区域非平衡性与人力资本发挥程度的较大差异展开研究，采用跨省的横截面数据进行实证分析。这些省市区的经济结构、增长特征、文化背景和人口素质各不相同，其中既有经济较发达的地区，也有经济增长水平和效益较差的欠发达地区；既有基本实现工业化开始进入服务经济的省份，也有处于工业化中期，或是还未摆脱工业化初期特征的省份。因此，对这些差异巨大的省份和地区要确定其经济增长影响因素必须考虑其所处的经济增长阶段及相应的经济增长特征。

为此，依据传统的经济增长"三要素论"，糅合现代经济增长研究中关于制度和政策对经济增长态势的影响，考虑中国经济增长与人力资本存在的区位差异，将中国经济增长的主要影响因素界定为：地区资本存量、人力资本水平、技术进步与知识积累、产业结构以及制度和区位因素。

## 4.2　人力资本适配度与地区资本存量

由于我国统计资料缺乏对资本存量的统计调查，有很多早期研究是利用一些替代变量如当年的固定资产投资或是当年的资本形成总额来近似地表征资本在经济增长中的作用。20 世纪90 年代以来，在资本存量估算方面的研究有了重大突破，出现了一些较有影响力的代表性成果，为资本存量的估算提供了依据。

## 4.2.1 省际资本存量的估算

关于中国资本存量估算的研究已有大量丰硕的成果，很多学者在资本存量估计上做出了巨大贡献。其中比较有代表性和影响力的如张军扩、邹至庄、贺菊煌、任若恩和刘晓生、王小鲁、杨格、王和姚、乔根森、张军、黄永峰等、宋海岩等、何枫等、张军和章元、张军等、龚六堂和谢丹阳等（张军等，2004）。

对资本存量的估算尽管已有大量的研究成果，但除了杨格、宋海岩等、龚六堂和谢丹阳以及张军等（2004）的研究之外，大部分研究是对中国资本存量的总体估计，并未涉及省际资本存量的估算。在关于省际资本存量的研究成果中，以张军等（2004）的研究最具影响力和代表性。张军等学者的研究不仅详细解释了省际存量估算的方法，而且公布了 1952—2000 年代表性年份各地区的资本存量估计数据，为分地区进行经济增长研究提供了基础性的数据。因此我们在这里采用张军等（2004）的研究方法，在其省际资本存量估算数据的基础上推算 2007 年各地区的资本存量数据。由于国家统计局国民经济核算司在2004 年进行了第一次全国经济普查，利用这次的普查数据对1952—2004 年以前的全国国民经济核算数据进行了系统修订，同时对 1993—2004 年的地区国民经济核算资料进行了修订，为我们推算 2007 年的省际资本存量数据提供了便利。

对于物质资本存量的估算，学术界普遍采用戈登史密斯

（Goldsmith）在 1951 年开创的永续盘存法。其基本公式为：

$$K_{it} = K_{it-1}(1-\delta_{it}) + I_{it} \qquad\qquad (4-1)$$

永续盘存法采用的是递推公式，要计算资本存量必须首先确定基年资本存量 $K_0$，以及经济折旧率 $\delta$、当年投资额 I 以及投资价格指数 P 四个变量。下面介绍张军等（2004）在估算中国省际物质资本存量对这四个变量采取的处理方法。

（1）基年资本存量的确定。

张军等人将基年选择为 1952 年，因为在永续盘存法中，基年选择得越早，对后续年份的影响就会越小。在充分比较了张军扩、何枫等、邹至庄、王和姚、贺菊煌以及宋海岩等的研究成果的基础上，采用了杨格的处理方法，即用各省区市 1952 年的固定资本形成除以 10% 作为该省区市的初始资本存量（张军等，2004）。

（2）经济折旧率的确定

在界定重置率与折旧率的基础上，详细比较了帕金斯、胡永泰、王小鲁以及王和姚、杨格、霍尔和琼斯、龚六堂和谢丹阳、宋海岩等以及黄永峰等的研究中关于折旧率的确定，分别计算了各省区市全部建筑、设备以及其他类型投资的折旧率分别是 6.9%，14.9% 和 12.1%。并根据这三类资本品的比重，即建筑安装工程 63%，设备工器具购置 29%，其他费用 8% 计算得到各省固定资本形成总额的经济折旧率 $\delta$ 是 9.6%（张军等，2004）。

（3）当年投资额的选择

张军等人认为当年投资额的选取主要有三种方式，即"积累"的概念、全社会固定资产投资和资本形成总额或固定资本形成总额（张军等，2004）。比较三种方式，"积累"概念是在 MPS 体系下度量投入的指标，目前已不再适用；全社会固定资产投资虽然时间序列长，资料可信，但与国际统计惯例不合；

资本形成总额中包含固定资本形成总额和存货两个部分，其中存货包括产成品、在制品和原材料，主要是厂商为便利生产衔接和销售及时供货而必需的储备。由于存货可能经常被当做"残差项"平衡生产和支出账户，并且在省际估计中存在相当大的困难，因此选择了固定资本形成总额作为当年投资额。但在实际计算中，还需要对固定资本形成总额进行折旧。

下面利用张军等（2004）的计算方法，在1952年不变价计算的2000年资本存量数据的基础上推算以1978年不变价计算的2007年中国各省区市资本存量数据，用于模型分析。由于他们提供的数据是将重庆并入四川计算，为保持数据的统一，这里也采取了相同的处理方法。计算所需数据如表4-1、表4-2、表4-3、表4-4所示：

表4-1　中国各地区 2000 年资本存量（1952 年不变价）

单位：亿元

| 地区 | 资本存量 | 地区 | 资本存量 | 地区 | 资本存量 |
|------|---------|------|---------|------|---------|
| 北京 | 6 470.434 | 浙江 | 2 687.221 | 海南 | 279.000 |
| 天津 | 1 890.374 | 安徽 | 350.958 7 | 四川 | 4 378.641 |
| 河北 | 2 679.245 | 福建 | 1 057.711 | 贵州 | 528.630 |
| 山西 | 1 560.277 | 江西 | 460.167 | 云南 | 17.406 |
| 内蒙古 | 945.274 | 山东 | 6 187.429 | 陕西 | 1 640.052 |
| 辽宁 | 279.151 | 河南 | 2 947.983 | 甘肃 | 1 428.962 |
| 吉林 | 781.336 | 湖北 | 842.586 | 青海 | 129.125 |
| 黑龙江 | 1 249.221 | 湖南 | 1 543.103 | 宁夏 | 142.273 |
| 上海 | 6 372.832 | 广东 | 3 890.842 | 新疆 | 1 133.102 |
| 江苏 | 3 897.590 | 广西 | 854.733 | | |

**表 4 - 2　　　　中国各地区固定资产投资价格指数**

| 省 份 | 1978/1952 | 2000/1952 | 2000/1978 | 比较列 | 省 份 | 1978/1952 | 2000/1952 | 2000/1978 | 比较列 |
|---|---|---|---|---|---|---|---|---|---|
| 华北 | | | | | 华南 | | | | |
| 北京 | 0.761 | 1.430 | 1.879 | 1.864 | 河南 | 0.942 | 3.106 | 3.297 | 3.211 |
| 天津 | 0.748 | 2.720 | 3.636 | 1.685 | 湖北 | 1.315 | 4.680 | 3.559 | 3.710 |
| 河北 | 1.113 | 3.181 | 2.858 | 2.834 | 湖南 | 0.812 | 4.567 | 5.624 | 5.512 |
| 山西 | 1.012 | 2.030 | 2.006 | 1.964 | 广东 | 1.081 | 3.824 | 3.537 | 3.639 |
| 内蒙古 | 1.005 | 2.591 | 2.578 | 2.531 | 广西 | 1.067 | 3.734 | 3.499 | 3.442 |
| 东北 | | | | | 海南 | 1.000 | 4.569 | 4.569 | - |
| 辽宁 | 2.873 | 9.472 | 3.297 | 3.801 | 西南 | | | | |
| 吉林 | 1.093 | 3.949 | 3.613 | 3.552 | 四川 | 0.721 | 3.248 | 4.504 | 4.302 |
| 黑龙江 | 0.963 | 4.784 | 4.968 | 4.898 | 贵州 | 0.978 | 4.414 | 4.513 | 4.355 |
| 华东 | | | | | 云南 | 7.239 | 32.683 | 4.515 | 4.443 |
| 上海 | 0.692 | 2.451 | 3.542 | 3.552 | 西藏 | 1.000 | 2.078 | 2.078 | - |
| 江苏 | 1.328 | 3.022 | 2.276 | 2.247 | 西北 | | | | |
| 浙江 | 1.119 | 3.591 | 3.209 | 3.196 | 陕西 | 0.764 | 3.391 | 4.438 | 4.13 |
| 安徽 | 1.721 | 8.925 | 5.185 | 5.143 | 甘肃 | 0.732 | 1.606 | 2.194 | 2.129 |
| 福建 | 1.005 | 5.909 | 5.880 | 5.839 | 青海 | 1.394 | 4.104 | 2.944 | 2.906 |
| 江西 | 1.682 | 4.239 | 2.520 | 1.897 | 宁夏 | 1.223 | 4.714 | 3.854 | 3.704 |
| 山东 | 0.875 | 2.714 | 3.102 | 3.046 | 新疆 | 0.864 | 3.752 | 4.343 | 4.211 |

数据来源：张军，吴桂英，张吉鹏．2004．中国省际物质资本存量估算：1952 - 2000．经济研究，(10)：35 - 44．其中，1978/1952 和 2000/1952 分别指本章以 1952 年价格为 1 而计算的 1978 年和 2000 年的固定资产投资价格指数，2000/1978 指以 1978 年为 1 而计算的 2000 年的固定资产投资价格指数。"比较列"是"林毅夫发展论坛"提供的《1952—1999 中国经济增长数据》中给出的以 1978 年为基年的 2000 年或 1999 年各省的投资平减指数。

表4-3　中国各地区当年价固定资本形成总额（2001—2007年）

单位：亿元

| 地区 | 2001 年 | 2002 年 | 2003 年 | 2004 年 | 2005 年 | 2006 年 | 2007 年 |
|------|---------|---------|---------|---------|---------|---------|---------|
| 北京 | 1 602.06 | 1 951.88 | 2 437.88 | 2 844.29 | 3 204.65 | 3 551.17 | 4 082.56 |
| 天津 | 805.34 | 926.65 | 1 180.54 | 1 446.49 | 1 753.92 | 2 122.35 | 2 681.35 |
| 河北 | 1 947.60 | 2 058.08 | 2 512.48 | 3 279.73 | 4 239.12 | 5 094.34 | 6 211.94 |
| 山西 | 743.00 | 876.70 | 1 113.2 | 1 479.5 | 1 897.39 | 2 345.57 | 2 909.61 |
| 内蒙古 | 510.02 | 729.37 | 1 228.26 | 1 817.73 | 2 685.22 | 3 353.88 | 4 356.39 |
| 辽宁 | 1 444.15 | 1 627.56 | 2 102.10 | 2 925.14 | 3 705.99 | 4 755.78 | 6 031.3 |
| 吉林 | 699.70 | 824.20 | 998.10 | 1 291.90 | 1 743.66 | 2 804.29 | 4 003.18 |
| 黑龙江 | 1 046.80 | 1 152.90 | 1 261.30 | 1 509.90 | 1 788.67 | 2 232.04 | 2 877.84 |
| 上海 | 2 099.99 | 2 366.10 | 2 643.07 | 3 239.04 | 3 743.42 | 4 272.85 | 5 041.40 |
| 江苏 | 3 543.16 | 3 994.23 | 5 480.8 | 6 972.68 | 8 739.71 | 10 021.43 | 11 594.62 |
| 浙江 | 2 645.40 | 3 255.13 | 4 479.98 | 5 563.87 | 6 269.16 | 7 065.65 | 8 201.28 |
| 安徽 | 1 022.49 | 1 146.09 | 1 378.96 | 1 903.05 | 2 224.31 | 2 682.62 | 3 346.26 |
| 福建 | 1 269.93 | 1 383.54 | 1 672.63 | 2 100.48 | 2 654.95 | 3 310.15 | 4 344.88 |
| 江西 | 696.70 | 931.80 | 1 269.92 | 1 633.53 | 1 922.1 | 2 282.41 | 2 688.33 |
| 山东 | 3 518.2 | 4 192.60 | 5 180.8 | 6 896.07 | 8 798.79 | 10 408.84 | 11 784.57 |
| 河南 | 1 790.76 | 2 018.58 | 2 431.76 | 3 217.1 | 4 506.75 | 6 007.32 | 8 043.35 |
| 湖北 | 1 610.93 | 1 699.78 | 1 875.78 | 2 325.87 | 2 804.01 | 3 542.47 | 4 371.14 |
| 湖南 | 1 233.17 | 1 380.89 | 1 613.12 | 1 978.31 | 2 569.24 | 3 125.38 | 3 945.45 |
| 广东 | 3 447.50 | 4 023.70 | 4 986.50 | 5 957.90 | 7 407.54 | 8 465.26 | 9 920.99 |
| 广西 | 735.60 | 842.70 | 990.70 | 1 296.55 | 1 699.04 | 2 201.15 | 2 831.62 |
| 海南 | 208.20 | 227.50 | 265.60 | 311.05 | 363.37 | 423.88 | 495.50 |
| 四川 | 2 322.55 | 2 719.98 | 3 365.67 | 4 102.75 | 5 042.57 | 6 127.83 | 7 593.31 |

表4-3(续)

| 地区 | 2001 年 | 2002 年 | 2003 年 | 2004 年 | 2005 年 | 2006 年 | 2007 年 |
|---|---|---|---|---|---|---|---|
| 贵州 | 575.89 | 663.89 | 768.76 | 871.46 | 996.24 | 1 152.95 | 1 361.79 |
| 云南 | 770.20 | 860.67 | 1 068.51 | 1 352.78 | 1 755.3 | 2 156.84 | 2 616.77 |
| 陕西 | 887.20 | 1 016.90 | 1 338.70 | 1 597.20 | 2 035.20 | 2 659.37 | 3 152.28 |
| 甘肃 | 463.13 | 534.75 | 617.62 | 756.02 | 874.52 | 1 027.78 | 1 221.96 |
| 青海 | 202.17 | 244.00 | 282.18 | 314.93 | 364.08 | 411.68 | 480.43 |
| 宁夏 | 195.81 | 230.83 | 318.21 | 379.72 | 444.82 | 515.26 | 621.82 |
| 新疆 | 720.10 | 856.70 | 1 079.20 | 1 239.50 | 1 485.17 | 1 825.75 | 2 005.00 |

**表4-4　中国各省市区固定资产投资价格指数（2001—2007 年）**

**（上年＝100）**

单位:%

| 地区 | 2000/1978 | 2001 年 | 2002 年 | 2003 年 | 2004 年 | 2005 年 | 2006 年 | 2007 年 |
|---|---|---|---|---|---|---|---|---|
| 北京 | 1.879 | 100.6 | 100.4 | 102.2 | 104.29 | 100.71 | 101.8 | 102.1 |
| 天津 | 3.636 | 99.7 | 99.5 | 102.59 | 107.33 | 101.16 | 102.9 | 103.6 |
| 河北 | 2.858 | 99.9 | 99.5 | 102.26 | 107.01 | 101.85 | 102.6 | 102.4 |
| 山西 | 2.006 | 101.7 | 100.5 | 102.92 | 105.21 | 102.99 | 102.6 | 102.4 |
| 内蒙古 | 2.578 | 100.8 | 101 | 102.6 | 105 | 103.69 | 103.9 | 105.2 |
| 辽宁 | 3.297 | 100.4 | 100.7 | 102.53 | 104.81 | 102.79 | 101.5 | 104.2 |
| 吉林 | 3.613 | 101.1 | 101.2 | 101.09 | 104.1 | 101.96 | 102 | 105.9 |
| 黑龙江 | 4.968 | 100.1 | 100.2 | 102.34 | 104.98 | 102.2 | 103.4 | 109.1 |
| 上海 | 3.542 | 100.7 | 100.3 | 102.43 | 106.7 | 100.84 | 102 | 104.1 |
| 江苏 | 2.276 | 100.8 | 101.7 | 104.27 | 109.36 | 100.87 | 103.5 | 104.5 |
| 浙江 | 3.209 | 100.4 | 100.5 | 103.48 | 105.94 | 100.33 | 104.5 | 105.2 |
| 安徽 | 5.185 | 99.5 | 101.1 | 103.5 | 106.05 | 101.04 | 105.9 | 103.7 |

表4－4(续)

| 地区 | 2000/1978 | 2001 年 | 2002 年 | 2003 年 | 2004 年 | 2005 年 | 2006 年 | 2007 年 |
|------|-----------|---------|---------|---------|---------|---------|---------|---------|
| 福建 | 5.88 | 99.5 | 99.7 | 101.42 | 103.38 | 100.74 | 103.7 | 109.2 |
| 江西 | 2.52 | 98.9 | 100 | 105.09 | 107.36 | 100.51 | 107.7 | 106.2 |
| 山东 | 3.102 | 101.4 | 101.1 | 102.91 | 107.42 | 102.85 | 103.4 | 104.6 |
| 河南 | 3.297 | 100.4 | 98.7 | 103.8 | 110.12 | 101.42 | 101.7 | 101.9 |
| 湖北 | 3.559 | 100.1 | 99.8 | 103.33 | 105.96 | 102.18 | 103.6 | 104.2 |
| 湖南 | 5.624 | 101.3 | 100.3 | 102.79 | 105.52 | 103.64 | 105.2 | 103.4 |
| 广东 | 3.537 | 100.2 | 99.7 | 102.22 | 106.4 | 101.55 | 101.7 | 100.5 |
| 广西 | 3.499 | 102 | 100.3 | 101.79 | 104.62 | 101.35 | 101.9 | 101.1 |
| 海南 | 4.569 | 100.3 | 98.2 | 103.23 | 105.58 | 101.21 | 102.5 | 102.2 |
| 四川 | 4.504 | 101.5 | 100.5 | 102.23 | 106.75 | 103.86 | 103 | 103.4 |
| 贵州 | 4.513 | 100.4 | 100.2 | 102.28 | 104.89 | 101.35 | 100.6 | 100.9 |
| 云南 | 4.515 | 101 | 100 | 102.21 | 107.98 | 104.56 | 104.1 | 107 |
| 陕西 | 4.438 | 103.6 | 102 | 101.65 | 104.45 | 103.72 | 100.5 | 100.6 |
| 甘肃 | 2.194 | 102 | 100.2 | 101.72 | 105.49 | 102.16 | 100.8 | 102.3 |
| 青海 | 2.944 | 100.3 | 103.2 | 102 | 102.8 | 102.1 | 102 | 102.6 |
| 宁夏 | 3.854 | 101.5 | 100.7 | 102.27 | 104.94 | 102.06 | 99.9 | 101 |
| 新疆 | 4.343 | 102.5 | 100.2 | 103.44 | 104.5 | 102.79 | 102 | 102.8 |

根据以上资料，利用永续盘存法公式，上年资本存量按9.6%的折旧率进行折旧，计算得到以1978年为基期的资本存量数据，并在此基础上计算出以当年价表示的2007年各省市区资本存量数据。如表4－5、表4－6所示：

表 4 - 5　　　中国各省市区以 1978 年不变价计算的
资本存量数据（2000—2007 年）

单位：亿元

| 地区 | 2000 年 | 2001 年 | 2002 年 | 2003 年 | 2004 年 | 2005 年 | 2006 年 | 2007 年 |
|---|---|---|---|---|---|---|---|---|
| 北京 | 6 470. 434 | 6 696. 8 | 7 082. 384 | 7 659. 382 | 8 330. 199 | 9 103. 599 | 9 942. 029 | 10 915. 72 |
| 天津 | 1 890. 374 | 1 931. 056 | 2 002. 58 | 2 129. 364 | 2 289. 151 | 2 505. 941 | 2 778. 734 | 3 138. 014 |
| 河北 | 2 679. 245 | 3 104. 175 | 3 530. 63 | 4 056. 55 | 4 722. 132 | 5 607. 663 | 6 637. 517 | 7 867. 718 |
| 山西 | 1 560. 277 | 1 774. 688 | 2 031. 913 | 2 364. 389 | 2 803. 816 | 3 364. 475 | 4 041. 327 | 4 864. 565 |
| 内蒙古 | 945. 273 6 | 1 050. 793 | 1 227. 813 | 1 566. 062 | 2 058. 597 | 2 776. 858 | 3 611. 296 | 4 624. 042 |
| 辽宁 | 279. 150 7 | 688. 626 6 | 1 110. 783 | 1 619. 211 | 2 280. 37 | 3 067. 963 | 4 045. 972 | 5 206. 341 |
| 吉林 | 781. 335 8 | 897. 882 2 | 1 034. 649 | 1 202. 418 | 1 419. 087 | 1 722. 47 | 2 250. 275 | 2 968. 622 |
| 黑龙江 | 1 249. 221 | 1 339. 794 | 1 442. 544 | 1 551. 397 | 1 684. 505 | 1 849. 714 | 2 066. 685 | 2 334. 551 |
| 上海 | 6 372. 832 | 6 349. 802 | 6 401. 605 | 6 508. 329 | 6 711. 94 | 7 017. 029 | 7 405. 858 | 7 899. 091 |
| 江苏 | 3 897. 59 | 5 067. 815 | 6 293. 209 | 7 941. 903 | 9 800. 246 | 12 116. 01 | 14 560. 79 | 17 157. 49 |
| 浙江 | 2 687. 221 | 3 250. 332 | 3 943. 608 | 4 902. 079 | 5 998. 92 | 7 183. 348 | 8 392. 284 | 9 681. 378 |
| 安徽 | 350. 958 7 | 515. 459 2 | 685. 708 3 | 875. 32 | 1 123. 701 | 1 400. 354 | 1 703. 841 | 2 067. 038 |
| 福建 | 1 057. 711 | 1 173. 231 | 1 297. 791 | 1 455. 938 | 1 659. 618 | 1 931. 217 | 2 263. 917 | 2 669. 338 |
| 江西 | 460. 166 5 | 695. 533 7 | 1 002. 637 | 1 391. 246 | 1 838. 62 | 2 342. 202 | 2 867. 189 | 3 423. 573 |
| 山东 | 6 187. 429 | 6 711. 948 | 7 386. 017 | 8 260. 059 | 9 428. 773 | 10 957. 19 | 12 689. 52 | 14 484. 91 |
| 河南 | 2 947. 983 | 3 205. 961 | 3 516. 029 | 3 895. 547 | 4 383. 027 | 5 152. 145 | 6 217. 102 | 7 669. 463 |
| 湖北 | 842. 585 6 | 1 213. 881 | 1 575. 428 | 1 934. 766 | 2 346. 51 | 2 826. 185 | 3 414. 517 | 4 104. 706 |
| 湖南 | 1 543. 103 | 1 611. 421 | 1 698. 384 | 1 809. 976 | 1 955. 411 | 2 167. 67 | 2 422. 081 | 2 754. 227 |
| 广东 | 3 890. 842 | 4 490. 072 | 5 197. 773 | 6 079. 368 | 7 046. 056 | 8 267. 732 | 9 606. 898 | 11 171. 85 |
| 广西 | 854. 732 9 | 978. 787 8 | 1 120. 236 | 1 284. 582 | 1 501. 376 | 1 797. 004 | 2 183. 588 | 2 685. 375 |
| 海南 | 279 | 297. 647 7 | 319. 626 6 | 346. 115 1 | 376. 305 6 | 413. 379 1 | 457. 000 4 | 508. 413 3 |
| 四川 | 4 378. 641 | 4 467. 471 | 4 631. 538 | 4 902. 982 | 5 254. 744 | 5 728. 999 | 6 328. 658 | 7 079. 151 |
| 贵州 | 528. 629 9 | 604. 979 9 | 693. 129 4 | 792. 140 6 | 895. 013 8 | 1 010. 905 | 1 146. 024 | 1 307. 778 |
| 云南 | 17. 405 72 | 184. 632 7 | 355. 645 2 | 550. 751 5 | 766. 668 3 | 1 026. 625 | 1 321. 788 | 1 641. 322 |
| 陕西 | 1 640. 052 | 1 675. 571 | 1 731. 552 | 1 846. 143 | 1 989. 685 | 2 192. 753 | 2 494. 623 | 2 858. 858 |
| 甘肃 | 1 428. 962 | 1 498. 733 | 1 593. 331 | 1 711. 146 | 1 861. 08 | 2 038. 184 | 2 257. 316 | 2 522. 692 |
| 青海 | 129. 124 8 | 185. 195 3 | 247. 486 9 | 314. 511 8 | 382. 879 | 457. 721 4 | 537. 495 1 | 626. 612 1 |
| 宁夏 | 142. 273 1 | 178. 671 | 220. 116 9 | 277. 973 2 | 341. 106 5 | 411. 454 | 491. 493 2 | 587. 141 9 |
| 新疆 | 1 133. 102 | 1 186. 087 | 1 264. 287 | 1 376. 817 | 1 501. 718 | 1 657. 22 | 1 859. 29 | 2 066. 618 |

**表4-6  按当年价计算的2007年各省市区资本存量数据**

单位：亿元

| 地区 | 资本存量 | 地区 | 资本存量 | 地区 | 资本存量 |
|---|---|---|---|---|---|
| 北京 | 23 112.68 | 浙江 | 37 904.07 | 海南 | 2 643.85 |
| 天津 | 13 440.24 | 安徽 | 13 130.78 | 四川 | 39 582.07 |
| 河北 | 26 172.07 | 福建 | 18 623.56 | 贵州 | 6 552.97 |
| 山西 | 11 685.87 | 江西 | 11 066.998 | 云南 | 9 620.77 |
| 内蒙古 | 14 818.06 | 山东 | 56 642.97 | 陕西 | 14 927.33 |
| 辽宁 | 20 274.64 | 河南 | 30 103.50 | 甘肃 | 6 394.45 |
| 吉林 | 12 718.60 | 湖北 | 17 625.30 | 青海 | 2 139.36 |
| 黑龙江 | 14 409.04 | 湖南 | 19 244.41 | 宁夏 | 2 556.12 |
| 上海 | 33 069.79 | 广东 | 44 562.28 | 新疆 | 10 739.66 |
| 江苏 | 49 801.67 | 广西 | 10 688.55 | | |

### 4.2.2  人力资本适配度与地区资本存量相关性分析

考察人力资本适配度与资本存量的关系，其相关系数为0.649 5，存在显著正相关关系。绘制以适配度为横轴、资本存量为纵轴的散点图显示，适配度较低的地区资本存量普遍偏低，适配度较高的地区资本存量总体也较高。但并非适配度越好资本存量越高，适配度最高的上海和北京，其资本存量都不是最高的。

图4-2中显示人力资本适配度在不同区间时，地区资本存量有着较大的差异：

（1）人力资本适配度在0.3以下时表现为低适配低资本存量的线性关系，这一线性关系斜率陡峭，对其回归发现适配度每增长1个单位，该类地区的资本存量平均增加190 821.1亿元。这说明人力资本能力的高低确实制约了资本的形成从而影响到了经济增长的水平和效益。

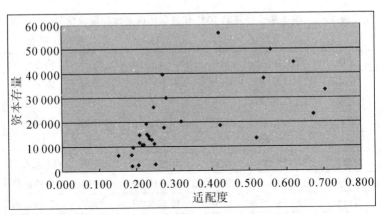

图 4-2　人力资本适配度与资本存量散点图

（2）人力资本适配度在 0.3 以上时资本存量表现出高度发散的趋向。说明在人力资本适应能力较强的地区，资本投入行为存在较大的差异。

若以人力资本适配度在 0.3~0.5 区间为中等适配，大于 0.5 为高适配度的话，可将 30 个省市区划分为以下五个类型，如表 4-7 所示：

表 4-7　按适配度与资本存量对应关系的地区分类

| 地区类型 | 适配度区间 | 包含的省市区 |
|---|---|---|
| 低适配度低资本存量 | 小于 0.3 | 青海、宁夏、海南、甘肃、贵州、云南、广西、新疆、江西、山西、吉林、安徽、黑龙江、内蒙古、陕西、湖北、湖南、河北、四川（重庆）、河南 |
| 中适配度低资本存量 | 0.3~0.5 | 福建、辽宁 |
| 中适配度高资本存量 | 0.3~0.5 | 山东 |
| 高适配度高资本存量 | 大于 0.5 | 广东、江苏、浙江、 |
| 高适配度低资本存量 | 大于 0.5 | 上海、北京、天津 |

由此证明地区人力资本水平及其适应能力是吸引资本投入和形成的必要条件，并能在其经济起步时期成为经济增长的巨大动力。但当经济增长水平达到一个稳态时，资本存量在经济增长中的重要性开始降低，技术进步、知识积累与人力资本适应性在生产中开始发挥重要作用。

跨省资本存量数据提示我们，当前我国大部分地区的经济增长还是主要依靠资本投入，在适配度最低的地区，其资本存量也最低，随着人力资本适配度的提高，其资本存量也越来越高。这说明人力资本水平及其适应能力有助于资本形成，并能对经济增长产生重要的推动作用。

## 4.3 人力资本适配度与人力资本投资

### 4.3.1 中国省际人力资本投资水平估算

侯风云（2007）在利用形成基础法来核算人力资本存量时考虑了如下三方面的人力资本直接投资：

（1）公共投资形成的人力资本，用财政支出中的文教卫生事业费代表。

（2）城乡居民个人投资形成的人力资本，分别用城乡居民的医疗保健与文化教育娱乐服务支出来表示。

（3）科学研究费用支出，用科技经费内部支出指标来代表。

此外，侯风云还加入了这几项投资的投资机会成本以及受教育的时间机会成本，并计算了人力资本的折旧率。本书考察2007年这一时间截面上中国各省市区的人力资本投资水平，不须考虑其他机会成本和人力资本折旧，只对直接投资部分进行加总和分析，如表4-8、表4-9所示：

表4-8

中国省际人力资本投资数据

| 地区 | 地区财政支出中科学教育文化卫生支出 | | | | 人均医疗保健支出 | | 人均教育文化娱乐服务 | | 科技活动经费内部支出 |
|---|---|---|---|---|---|---|---|---|---|
| 单位 | 教育 万元 | 科学技术 万元 | 文化体育传媒 万元 | 医疗卫生 万元 | 城镇 元 | 农村 元 | 城镇 元 | 农村 元 | 万元 |
| 北京 | 2 630 041 | 907 420 | 536 194 | 1 189 527 | 1 294.07 | 629.56 | 2 383.96 | 870.12 | 8 254 203.3 |
| 天津 | 1 100 248 | 223 384 | 159 616 | 330 964 | 1 163.98 | 306.19 | 1 639.83 | 312.07 | 2 321 685.4 |
| 河北 | 2 833 938 | 174 050 | 207 547 | 781 096 | 833.51 | 188.06 | 895.06 | 243.3 | 1 630 384.3 |
| 山西 | 1 812 182 | 157 971 | 268 075 | 520 956 | 640.22 | 170.85 | 1 054.05 | 370.97 | 1 576 229.1 |
| 内蒙古 | 1 535 674 | 92 228 | 277 115 | 438 658 | 719.13 | 281.46 | 1 245.09 | 423.75 | 483 001.5 |
| 辽宁 | 2 521 317 | 386 889 | 247 967 | 666 000 | 879.08 | 265.01 | 1 052.94 | 362.78 | 2 888 715 |
| 吉林 | 1 444 160 | 110 870 | 223 293 | 423 106 | 854.8 | 311.37 | 997.75 | 339.77 | 1 082 178.9 |
| 黑龙江 | 1 997 524 | 174 743 | 203 474 | 575 415 | 729.55 | 272.49 | 938.21 | 312.32 | 1 068 498.5 |
| 上海 | 2 833 335 | 1 057 666 | 434 059 | 888 313 | 857.11 | 571.06 | 2 653.67 | 857.47 | 5 287 127.8 |
| 江苏 | 4 928 972 | 687 266 | 481 582 | 1 152 882 | 689.37 | 263.85 | 1 699.26 | 642.52 | 9 001 515.5 |
| 浙江 | 3 838 886 | 715 442 | 493 408 | 1 122 822 | 859.06 | 452.44 | 2 158.32 | 750.69 | 5 093 635.3 |
| 安徽 | 2 129 665 | 159 551 | 262 580 | 654 132 | 554.44 | 177.04 | 1 169.99 | 283.17 | 1 956 171.3 |
| 福建 | 1 836 550 | 212 670 | 182 941 | 519 887 | 502.41 | 174.12 | 1 426.34 | 356.26 | 1 727 614.4 |

| 地区 | 地区财政支出中科学教育文化卫生支出 | | | | 人均医疗保健支出 | | 人均教育文化娱乐服务 | | 科技活动经费内部支出 |
|---|---|---|---|---|---|---|---|---|---|
| | 教育 | 科学技术 | 文化体育传媒 | 医疗卫生 | 城镇 | 农村 | 城镇 | 农村 | |
| 单位 | 万元 | 万元 | 万元 | 万元 | 元 | 元 | 元 | 元 | 万元 |
| 江西 | 1 738 076 | 87 373 | 157 990 | 580 717 | 385.91 | 167.71 | 973.38 | 252.78 | 794 986.9 |
| 山东 | 4 533 574 | 464 073 | 441 092 | 996 496 | 708.58 | 230.84 | 1 191.18 | 424.89 | 6 021 573.7 |
| 河南 | 3 661 231 | 252 287 | 333 802 | 987 788 | 626.55 | 173.19 | 936.55 | 212.36 | 2 208 101 |
| 湖北 | 2 171 988 | 187 641 | 249 202 | 661 139 | 525.32 | 178.77 | 1 120.29 | 284.13 | 2 168 425.2 |
| 湖南 | 2 285 201 | 204 932 | 201 513 | 591 970 | 668.53 | 219.95 | 1 285.24 | 293.89 | 1 481 278 |
| 广东 | 5 758 977 | 1 192 631 | 530 343 | 1 407 693 | 752.52 | 199.31 | 1 994.86 | 254.94 | 6 842 204.6 |
| 广西 | 1 893 837 | 131 873 | 214 101 | 507 547 | 542.07 | 149.01 | 1 050.04 | 172.45 | 658 589 |
| 海南 | 403 268 | 27 904 | 45 660 | 124 560 | 503.78 | 95.55 | 837.83 | 223.98 | 109 631.5 |
| 重庆 | 1 215 466 | 110 513 | 105 811 | 339 705 | 749.51 | 168.57 | 1 237.35 | 195.97 | 1 055 732.3 |
| 四川 | 2 928 602 | 207 763 | 285 886 | 988 711 | 511.78 | 174.75 | 1 031.81 | 177.19 | 2 901 397.9 |
| 贵州 | 1 662 714 | 99 809 | 157 071 | 487 893 | 354.52 | 79.31 | 1 035.96 | 147.31 | 353 022.6 |
| 云南 | 1 905 371 | 130 596 | 198 391 | 771 123 | 631.7 | 167.92 | 705.51 | 181.73 | 601 433.8 |
| 陕西 | 1 845 157 | 132 972 | 217 303 | 499 056 | 678.38 | 222.51 | 1 230.74 | 304.54 | 2 098 191.1 |

表4－8（续）

| 地区 | 地区财政支出中科学教育文化卫生支出 | | | | 人均医疗保健支出 | | 人均教育文化娱乐服务 | | 科技活动经费内部支出 |
|---|---|---|---|---|---|---|---|---|---|
| | 教育 | 科学技术 | 文化体育传媒 | 医疗卫生 | 城镇 | 农村 | 城镇 | 农村 | |
| 单位 | 万元 | 万元 | 万元 | 万元 | 元 | 元 | 元 | 元 | 万元 |
| 甘肃 | 1 239 653 | 73 129 | 152 349 | 410 319 | 564.25 | 149.82 | 1 058.66 | 208.9 | 603 972.1 |
| 青海 | 348 523 | 25 239 | 69 447 | 195 046 | 613.24 | 229.28 | 953.87 | 135.13 | 117 551.3 |
| 宁夏 | 473 068 | 47 857 | 70 629 | 114 174 | 645.98 | 239.4 | 863.36 | 192 | 198 328.5 |
| 新疆 | 1 427 688 | 128 401 | 233 506 | 458 154 | 598.78 | 210.69 | 896.79 | 166.27 | 328 088.3 |

注：《2008 年中国统计年鉴》的财政篇统计数据发生了较大变化，未继续统计科学教育卫生事业费和科技支出三项费用，而是统计为各地区财政支出中教育、科学技术、文化体育传媒和医疗卫生的费用。按照《2008 年中国统计年鉴》关于财政支出项目的解释，其中教育支出指政府教育事务支出，包括教育行政管理、学前教育、小学教育、初中教育、普通高中教育、普通高等教育、初等职业教育、中专教育、技校教育、职业高中教育、高等职业教育、广播电视教育、留学生教育、特殊教育、干部继续教育、教育科学研究、应用科学研究、技术研究与开发、社会科学研究、科学技术普及、科技交流与合作等；文化体育传媒支出指政府在文化、文物、广播影视、新闻出版等方面的支出。而医疗卫生支出指政府医疗卫生方面的支出，包括医疗卫生管理事务支出、医疗服务支出、医疗保障支出、疾病预防控制支出、卫生监督支出、妇幼保健支出、农村卫生支出等。从这些支出所涵盖的范围来看均是人力资本投资的重要内容，与人均城镇和农村居民的人均医疗保健支出和教育文化娱乐服务支出均分别来源于科学、教育、文化、体育卫生资本概念和内涵相一致，以及城镇和农村居民的人均医疗保健支出和教育文化活动经费内部支出来源于教育文化娱乐服务支出数据分别来源于《2008 年中国统计年鉴》（电子版）表 7－8，表 9－16，表 9－26；科技活动经费内部支出来源于《2008 中国科技统计年鉴》（光盘版）第 1－16 页。

资料来源：地区财政支出数据中用于科学、教育、文化和卫生的费用，以及城镇和农村居民的人均医疗保健支出和教育文化娱乐服务支出数据分别来源于《2008 年中国统计年鉴》（电子版）表 7－8，表 9－16，表 9－26；科技活动经费内部支出来源于《2008 中国科技统计年鉴》（光盘版）第 1－16 页。

表 4 - 9　　　　　　中国省际城乡居民人口数　　　　单位：万人

| 地区 | 总人口 | 城镇人口 | 农村人口 | 地区 | 总人口 | 城镇人口 | 农村人口 |
|------|--------|----------|----------|------|--------|----------|----------|
| 北京 | 1 633 | 1 379.89 | 253.12 | 河南 | 9 360 | 3 214.22 | 6 145.78 |
| 天津 | 1 115 | 850.86 | 264.14 | 湖北 | 5 699 | 2 524.66 | 3 174.34 |
| 河北 | 6 943 | 2 795.00 | 4 148.00 | 湖南 | 6 355 | 2 570.60 | 3 784.40 |
| 山西 | 3 393 | 1 493.94 | 1 899.06 | 广东 | 9 449 | 5 966.10 | 3 482.90 |
| 内蒙古 | 2 405 | 1 206.11 | 1 198.89 | 广西 | 4 768 | 1 727.92 | 3 040.08 |
| 辽宁 | 4 298 | 2 544.42 | 1 753.58 | 海南 | 845 | 398.84 | 446.16 |
| 吉林 | 2 730 | 1 451.27 | 1 278.73 | 重庆 | 2 816 | 1 361.25 | 1 454.75 |
| 黑龙江 | 3 824 | 2 061.14 | 1 762.86 | 四川 | 8 127 | 2 893.21 | 5 233.79 |
| 上海 | 1 858 | 1 648.05 | 209.95 | 贵州 | 3 762 | 1 062.39 | 2 699.61 |
| 江苏 | 7 625 | 4 056.50 | 3 568.50 | 云南 | 4 514 | 1 426.42 | 3 087.58 |
| 浙江 | 5 060 | 2 894.32 | 2 165.68 | 陕西 | 3 748 | 1 522.44 | 2 225.56 |
| 安徽 | 6 118 | 2 367.67 | 3 750.33 | 甘肃 | 2 617 | 826.71 | 1 790.29 |
| 福建 | 3 581 | 1 743.95 | 1 837.05 | 青海 | 552 | 221.19 | 330.81 |
| 江西 | 4 368 | 1 738.46 | 2 629.54 | 宁夏 | 610 | 268.52 | 341.48 |
| 山东 | 9 367 | 4 379.07 | 4 987.93 | 新疆 | 2 095 | 820.19 | 1 274.81 |

　　根据表 4 - 8 与 4 - 9 的数据，对三项人力资本投资进行汇总，得到各省市区的人力资本投资总额与投资水平数据，如表 4 - 10 所示：

表 4 - 10　　　　中国省际人力资本投资规模与水平

| 地区 | 人力资本投资总额（亿元） | 劳均人力资本投资（元） | 地区 | 人力资本投资总额（亿元） | 劳均人力资本投资（元） |
|------|--------------------------|------------------------|------|--------------------------|------------------------|
| 北京 | 1 897.22 | 17 070.27 | 河南 | 1 483.69 | 2 570.17 |
| 天津 | 668.48 | 15 447.86 | 湖北 | 1 106.24 | 4 003.73 |
| 河北 | 1 224.76 | 3 433.42 | 湖南 | 1 173.18 | 3 129.03 |
| 山西 | 789.55 | 5 093.55 | 广东 | 3 370.51 | 6 368.05 |

第四章　人力资本适配度与经济增长影响因素相关性分析

表4 - 10（续）

| 地区 | 人力资本投资总额（亿元） | 劳均人力资本投资（元） | 地区 | 人力资本投资总额（亿元） | 劳均人力资本投资（元） |
|---|---|---|---|---|---|
| 内蒙古 | 604.12 | 5 585.78 | 广西 | 713.43 | 2 585.24 |
| 辽宁 | 1 272.76 | 6 144.87 | 海南 | 138.87 | 3 347.73 |
| 吉林 | 680.48 | 6 207.69 | 重庆 | 606.22 | 3 387.60 |
| 黑龙江 | 848.81 | 5 113.72 | 四川 | 1 362.03 | 2 850.24 |
| 上海 | 1 658.64 | 18 921.57 | 贵州 | 484.95 | 2 124.15 |
| 江苏 | 2 917.61 | 6 958.00 | 云南 | 659.39 | 2 535.32 |
| 浙江 | 2 260.31 | 6 251.92 | 陕西 | 887.22 | 4 616.11 |
| 安徽 | 1 097.09 | 3 049.49 | 甘肃 | 446.33 | 3 247.52 |
| 福建 | 881.76 | 4 411.32 | 青海 | 122.30 | 4 426.52 |
| 江西 | 682.79 | 3 109.75 | 宁夏 | 145.67 | 4 707.16 |
| 山东 | 2 404.67 | 4 569.71 | 新疆 | 428.30 | 5 348.19 |

### 4.3.2 人力资本适配度与人力资本投资水平的相关性分析

由于有些省份人口基数大会影响到人力资本投资水平高低的判断，因此用劳均人力资本投资额表明地区的人力资本投资水平。

相关性检验表明人力资本适配度与各省市区人力资本投资水平有着密切的相关关系。尽管人类有的能力不需要投资，但实证结果显示，人力资本投资对于提高人力资本适配度有着相当重要的作用。反过来，我们也可以认为，如果一个地区的劳动者具有更高的生产率，也具备更好的流动弹性和适应能力，相应地也会产生更多的人力资本投资需求。

绘制人力资本适配度与人力资本投资水平的散点图，如图3 - 5所示。图中显示，人力资本适配度较低的地区（小于0.3）通常也对应较低的人力资本投资水平（小于6 000元），人力资本适配度越高的地区，总体来看人力资本投资水平是上升的，

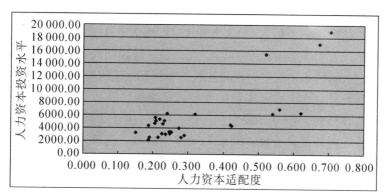

图4-3 人力资本适配度与人力资本投资水平散点图

但出现的分化较为严重，人力资本适配度排名靠前的省市区投资水平差异较大，如表4-11所示：

表4-11 按人力资本投资与人力资本适配度对应关系的地区分类

| 人力资本适配度 | 人力资本投资水平（元） | 包含的省市区 |
|---|---|---|
| 低<br><0.3 | <6 000 | 青海、宁夏、海南、甘肃、贵州、云南、广西、新疆、江西、山西、安徽、黑龙江、内蒙古、陕西、湖北、湖南、河北、四川、重庆、河南 |
| | 6 000~8 000 | 吉林 |
| 中<br>0.3~0.5 | <6 000 | 福建、山东 |
| | 6 000~8 000 | 辽宁 |
| 高<br>>0.5 | 6 000~8 000 | 广东、江苏、浙江、 |
| | >14 000 | 上海、北京、天津 |

表4-11按照图表显示的区间对适配度和人力资本投资水平进行了划分，结果显示30个省市区中，有20个地区人力资本

投资水平小于 6 000 元/人，这 20 个地区中有 19 个地区的人力资本适配度小于 0.3。而人力资本适配度大于 0.5 的地区，人力资本投资水平至少在 6 000 元/人以上。这说明人力资本投资水平与人力资本适配度存在相互制约和相互促进的关系。

此外，在人力资本适配度较高的地区，其人力资本投资水平总体较高，但差异较大。广东、江苏、浙江的人力资本投资水平相对较低，上海、北京和天津则较高，这种差异源于其不同的经济增长轨迹。后者的经济增长和发展能力主要是建立在知识积累、技术进步和高素质劳动力基础上的，而前者的经济活力主要源于结构转换和市场化进程，乃至人力资本天赋。因此，人力资本投资是提高人力资本适配度的必要条件，但还要受政策环境、制度、地区文化、区位因素等的影响。

## 4.4  人力资本适配度与技术进步和知识积累

在索洛模型中，技术进步和知识积累在经济增长中的作用被视为一个"余值"，对经济增长要素的设定不同，这个余值的结果就大不相同。因此，对经济增长源泉的探索过程实际上就是将经济增长要素无限细化和分解的过程。鉴于"余值"如此难以把握，用知识积累适配指数来衡量各地区间知识积累和技术进步的程度，也许比"余值"更接近真实。

二者相关系数高达 0.929 3，说明人力资本适配度与地区知识积累程度的变化方向一致，并且有着非常密切的正向关系。从图 4-4 中清楚看到，人力资本适配度与知识积累水平之间的关系仍然可以按适配度的高低分成三个区间，即小于 0.3，0.3~0.5 和大于 0.5，这与前面的分析高度一致。下面我们来

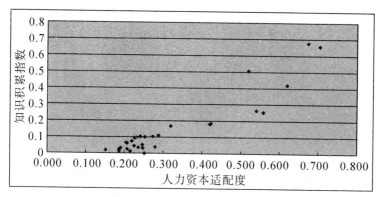

**图4-4 人力资本适配度与地区知识积累指数散点图**

观察人力资本适配度与地区知识积累和技术进步水平的对应关系。如表4-12所示：

表4-12 **人力资本适配度与地区知识积累和技术**
**进步水平对应的地区分类**

| 地区类型 | 适配度 | 包含的省市区 |
|---|---|---|
| 双低 | <0.3 | 青海、宁夏、海南、甘肃、贵州、云南、广西、新疆、江西、山西、安徽、吉林、黑龙江、内蒙古、陕西、湖北、湖南、河北、四川、重庆、河南 |
| 居中 | 0.3~0.5 | 福建、山东、辽宁 |
| 双高 | >0.5 | 广东、江苏、浙江、天津、北京、上海 |

# 4.5 人力资本适配度与产业结构优化

经济增长理论认为产业结构优化能够有效促进经济增长，

很多学者将产业结构作为经济增长模型的解释变量之一纳入经济增长模型。

按照学者们的研究，产业结构优化的过程就是产业结构高度不断提升的过程。实证研究中，多采用与国际先进水平做比较来判断产业结构高度，如龚仰军（2002）的研究就是采用中国与世界发达国家产业结构相似系数来反映产业结构高度。此外，根据国内外学者对产业结构演变趋势的描述，产业结构优化表现在第三产业比重大幅提高和知识型产业的不断发展。因此，本书采取将各地区第三产业增加值比重与世界发达国家第三产业增加值比重的一般水平相比，构造产业结构高度指标，其值越接近于 1 则表明该地区的产业结构越趋于合理。

$$产业结构高度 = \frac{第三产业增加值比重}{发达国家第三产业增加值比重}$$

根据国家统计局公布的数据，以 OECD 国家 2004 年的第三产业增加值比重作为发达国家数据，计算得到各地区产业结构高度，如表 4 - 13 所示：

表 4 - 13 各地区产业结构高度

| 地区 | 产业结构高度 | 地区 | 产业结构高度 | 地区 | 产业结构高度 |
|---|---|---|---|---|---|
| 北京 | 0.996 | 浙江 | 0.562 | 海南 | 0.562 |
| 天津 | 0.559 | 安徽 | 0.539 | 重庆 | 0.586 |
| 河北 | 0.470 | 福建 | 0.552 | 四川 | 0.504 |
| 山西 | 0.488 | 江西 | 0.441 | 贵州 | 0.577 |
| 内蒙古 | 0.493 | 山东 | 0.461 | 云南 | 0.540 |
| 辽宁 | 0.506 | 河南 | 0.416 | 陕西 | 0.482 |
| 吉林 | 0.529 | 湖北 | 0.581 | 甘肃 | 0.530 |
| 黑龙江 | 0.479 | 湖南 | 0.550 | 青海 | 0.497 |
| 上海 | 0.727 | 广东 | 0.598 | 宁夏 | 0.528 |
| 江苏 | 0.517 | 广西 | 0.530 | 新疆 | 0.489 |

　　将各地区产业结构高度与人力资本适配度绘制散点图，发现人力资本适配度的提高对产业结构高度普遍缺乏影响力，只有上海和北京产业结构优于整体水平。其余地区的产业结构高度为0.4~0.6，即第三产业比重仅为发达国家第三产业比重的40%~60%。计算产业结构高度与人力资本适配度的相关系数为0.612，而剔除了上海、北京和广东数据以后相关系数仅为0.112，这也说明除少数较发达地区以外，中国产业结构与服务经济和知识经济时代产业结构特征差距甚远，人力资本尚未在产业结构调整中发挥出重要作用，如图4-5所示：

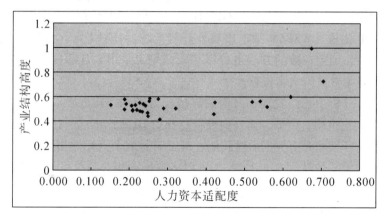

图4-5　人力资本适配度与产业结构高度散点图

## 4.6　人力资本适配度与制度变迁

　　中国的制度变迁因素主要归结为对外开放和市场化进程。由于其内容与表现丰富多样，为恰当反映对外开放与市场化水平的差异，仍然沿袭前文的研究方法，借助综合指数方法分别构建对外开放指数和市场化指数，以研究人力资本适配度与对外开放和市场化程度的关系。

## 4.6.1 对外开放指数

王文博等（2002）用进出口总值占 GDP 比重、对外资产负债总额、外商投资总额占 GDP 的比重这三个指标进行加权平均计算对外开放指数。而张伟等（2005）则采用了出口额占 GDP 之比重和外商直接投资占全社会投资总额的比重两项指标反映经济的外向化程度。由于缺乏各地区对外资产负债额数据，因此我们利用进出口总值占 GDP 比重（JCHK）和外商投资总额占 GDP 比重（WSTZ）来求出对外开放指数（DWKF）。由于指标较少，确定权数的方法也可以相应简单，采用客观赋权法中的变异系数法来给定权数。

分析中我们发现，海南的数据较为特殊，其进出口总值占 GDP 比重相对偏低，而外商投资总额占 GDP 比重这一指标却相当高。剔除海南数据后对其他省市区的这两个指标做相关分析，其相关系数达到 0.861 4，加入海南数据该相关系数仅为 0.245 1。说明海南数据对综合评价结果带来极大影响，视为偏离程度过大，不能代表现象内在的逻辑关系，在综合分析中将其剔除掉。计算各省市区 2006—2007 年外商投资总额的标准差变异系数以及外商投资企业数和外商投资总额的增长率指标。结果表明，除海南高达 1.099 的变异系数以外，其他地区的外商投资总额数据基本平稳，变异系数相对较高的有重庆，宁夏和山西，分别为 0.509 5，0.476 4 和 0.327 4，其中宁夏为净减少，而其余 26 个地区的外商投资总额变异系数都在 0.2 以下。

剔除海南数据后，重新计算 JCHK 和 WSTZ 数据的标准差变异系数，分别为 1.247 4 和 0.908 2，对这两个数据进行归一化分别得到 JCHK 和 WSTZ 的权重为 0.578 7 和 0.421 3。对 JCHK

和 WSTZ 数据进行归一化处理后利用该权重进行加权平均即可得到各地区的对外开放指数（DWKF）。各指标原始数据与 DWKF 指数，如表 4-14 所示：

表 4-14　　　　对外开放指数计算结果及排序

| 地区 | 进出口总值（万美元） | 外商投资总额（亿美元） | GDP（亿元） | WSTZ | JCHK | DWKF 指数 | DWKF 排序 |
|---|---|---|---|---|---|---|---|
| 北京 | 19 299 976 | 876. 214 3 | 9 353. 32 | 0. 712 | 1. 569 | 0. 689 | 3 |
| 天津 | 7 144 973 | 828. 879 3 | 5 050. 4 | 1. 248 | 1. 076 | 0. 669 | 4 |
| 河北 | 2 552 342 | 291. 131 1 | 13 709. 5 | 0. 161 | 0. 142 | 0. 054 | 22 |
| 山西 | 1 157 948 | 177. 867 1 | 5 733. 35 | 0. 236 | 0. 154 | 0. 078 | 16 |
| 内蒙古 | 773 588. 5 | 171. 484 6 | 6 091. 12 | 0. 214 | 0. 097 | 0. 053 | 23 |
| 辽宁 | 5 947 435 | 1 087. 667 | 11 023. 49 | 0. 750 | 0. 410 | 0. 306 | 8 |
| 吉林 | 1 029 800 | 313. 340 8 | 5 284. 69 | 0. 451 | 0. 148 | 0. 135 | 10 |
| 黑龙江 | 1 729 659 | 144. 893 9 | 7 065 | 0. 156 | 0. 186 | 0. 067 | 18 |
| 上海 | 28 285 388 | 2 570. 318 | 12 188. 85 | 1. 603 | 1. 765 | 1. 000 | 1 |
| 江苏 | 34 947 179 | 3 820. 296 | 25 741. 15 | 1. 129 | 1. 032 | 0. 621 | 5 |
| 浙江 | 17 684 737 | 1 456. 583 | 18 780. 44 | 0. 590 | 0. 716 | 0. 366 | 7 |
| 安徽 | 1 593 229 | 237. 545 5 | 7 364. 18 | 0. 245 | 0. 165 | 0. 085 | 13 |
| 福建 | 7 444 738 | 1 027. 061 | 9 249. 13 | 0. 844 | 0. 612 | 0. 401 | 6 |
| 江西 | 944 854. 1 | 289. 685 2 | 5 500. 25 | 0. 400 | 0. 131 | 0. 116 | 11 |
| 山东 | 12 247 444 | 963. 105 5 | 25 965. 91 | 0. 282 | 0. 359 | 0. 161 | 9 |
| 河南 | 1 278 513 | 256. 563 6 | 15 012. 46 | 0. 130 | 0. 065 | 0. 019 | 28 |
| 湖北 | 1 486 895 | 313. 448 1 | 9 230. 68 | 0. 258 | 0. 122 | 0. 074 | 17 |
| 湖南 | 968 585. 3 | 243. 237 | 9 200 | 0. 201 | 0. 080 | 0. 044 | 26 |
| 广东 | 63 418 595 | 3 507. 049 | 31 084. 4 | 0. 858 | 1. 551 | 0. 723 | 2 |
| 广西 | 925 899. 7 | 219. 078 6 | 5 955. 65 | 0. 280 | 0. 118 | 0. 078 | 15 |
| 重庆 | 743 794. 4 | 197. 737 3 | 4 122. 51 | 0. 365 | 0. 137 | 0. 108 | 12 |
| 四川 | 1 437 812 | 268. 677 7 | 10 505. 3 | 0. 194 | 0. 104 | 0. 050 | 24 |
| 贵州 | 227 030 | 27. 974 12 | 2 741. 9 | 0. 078 | 0. 063 | 0. 004 | 29 |
| 云南 | 879 356. 7 | 118. 325 5 | 4 741. 31 | 0. 190 | 0. 141 | 0. 061 | 19 |

表4-14(续)

| 地区 | 进出口总值<br>（万美元） | 外商投资总额<br>（亿美元） | GDP<br>（亿元） | WSTZ | JCHK | DWKF 指数 | DWKF 排序 |
|---|---|---|---|---|---|---|---|
| 陕西 | 688 733.9 | 164.739 8 | 5 465.79 | 0.229 | 0.096 | 0.057 | 21 |
| 甘肃 | 552 367 | 30.639 37 | 2 702.4 | 0.086 | 0.155 | 0.038 | 27 |
| 青海 | 61 207.3 | 24.259 1 | 783.61 | 0.235 | 0.059 | 0.046 | 25 |
| 宁夏 | 158 151.5 | 21.825 2 | 889.2 | 0.187 | 0.135 | 0.059 | 20 |
| 新疆 | 1 371 583 | 30.899 3 | 3 523.16 | 0.067 | 0.296 | 0.080 | 14 |
| 汇率 | $100 = ￥760.4 | | 变异系数 | | 0.908 2 | 1.247 4 | |

数据来源：各地区进出口总值、外商投资总额、GDP以及汇率数据取自《2008年中国统计年鉴》表2-15、表17-2、表17-19和表17-11。

对外开放指数排序结果显示上海对外开放程度名列第1，广东其次，北京、天津、江苏、福建和浙江依次排在第3~7位，排列顺序基本合理。从各地区对外开放指数得分来看，仍然呈现低水平聚集和高水平离散状态，分值在0.1以下的地区共有17个，第12名以后的排名得分非常接近。

绘制人力资本适配度与对外开放指数的散点图，并进行相关性分析可知：二者相关系数高达0.946 4，说明人力资本适应能力越高的地区对外开放程度也越高，或者对外开放程度的提高有助于人力资本适应能力的提高。观察各散点仍然发现人力资本适配度的临界性质：人力资本适配度在0.3以下的地区其对外开放指数呈现低水平聚集；而人力资本适配度大于0.3的地区其对外开放指数较高，随适配度的提高而增大，离散程度逐渐减小。

将各地区人力资本适配水平与对外开放程度相对应划分地区类型如图4-6、表4-15所示：

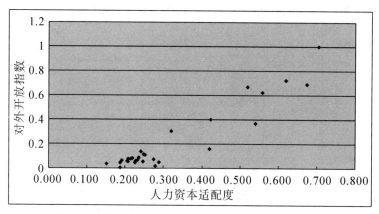

图 4-6　人力资本适配度与地区对外开放指数散点图

表 4-15　人力资本适配度与地区对外开放程度对应的地区分类

| 地区类型 | 适配度 | 包含的省市区 |
|---|---|---|
| 双低 | <0.3 | 青海、宁夏、甘肃、贵州、云南、广西、新疆、江西、山西、安徽、吉林、黑龙江、内蒙古、陕西、湖北、湖南、河北、四川、重庆、河南 |
| 居中 | 0.3~0.5 | 山东、辽宁、福建 |
| 双高 | >0.5 | 浙江、江苏、天津、北京、广东、上海 |

## 4.6.2　市场化指数

对市场化进行测度的研究成果非常丰富。金玉国（2000）从方法论的角度对 20 世纪 90 年代以来的市场化统计测度方法进行了总结，列出了主要的研究方法和研究结果，如表 4-16 所示：

表 4 – 16　市场化统计测度的主要研究方法和研究成果

| 研究者 | 年份 | 指标名称 | 测算结果（％） |
|---|---|---|---|
| 卢中原<br>胡鞍钢 | 1992 | 综合市场化指数<br><br>其中：1. 投资市场化指数<br>　　　2. 价格市场化指数<br>　　　3. 生产市场化指数<br>　　　4. 商业市场化指数 | 63. 23<br><br>71. 70<br>81. 80<br>45. 39<br>58. 71 |
| 江晓薇<br>宋红旭 | 1994 | 经济市场度<br><br>其中：1. 企业自主度<br>　　　2. 市场国外开放度<br>　　　3. 市场国内开放度<br>　　　4. 宏观调控度 | 37. 6<br><br>42. 8<br>16. 2<br>82. 8<br>9. 9 |
| 国家计委<br>课题组 | 1994 | 整体市场化程度<br><br>其中：1. 商品市场化程度<br>　　　其中：生产环节<br>　　　　　　流通环节<br>　　　2. 要素市场市场化程度<br>　　　其中：劳动力市场<br>　　　　　　资金市场 | 65<br><br>80<br>80<br>80<br>50<br>70<br>28 |
| 顾海兵 | 1996 | 总体市场化程度<br><br>其中：1. 劳动力市场化<br>　　　2. 资金市场化<br>　　　3. 生产市场化<br>　　　4. 价格市场化 | 40<br><br>35<br>40<br>55<br>60 |

表4-16(续)

| 研究者 | 年份 | 指标名称 | 测算结果（%） |
|---|---|---|---|
| 陈宗胜 | 1997 | 总体市场化程度 | 60（约） |
| | | 其中：1. 工商企业市场化程度 | 48 |
| | | 2. 政府行为适应市场化程度 | 72 |
| | | 3. 商品市场市场化程度 | 85 |
| | | 4. 劳动力市场市场化程度 | 65 |
| | | 5. 金融市场市场化程度 | 10 |
| | | 6. 房地产市场市场化程度 | 40 |
| | | 7. 技术市场市场化程度 | 71 |

资料来源：金玉国. 我国市场化进程的统计测度——从方法论角度对90年代研究成果进行的总结与比较. 统计研究，2000（12）：16。

樊纲等在《中国各地区市场化进程2001年报告》提出评价市场化程度应当全面考量政府与市场的关系、非国有经济的发展、产品市场的发育程度、要素市场的发育程度以及市场中介组织发育和法律制度环境这五个方面（张伟等，2005）。张伟等（2005）在总结前人研究的基础上又提出市场化统计测度指标应包含五个方面，即国民经济产权制度多元化（非国有化）的程度、经济外向化程度、利益分配格局的演变、经济发展实绩以及市场化进程中的外部环境状况。

综合已有研究成果，从以下几个方面选取指标反映各地区的市场化水平：一是产权制度多元化情况，用非国有化程度来反映，选取非国有工业总产值占全部工业总产值的比重（FGYGY）指标；二是投资市场化，采用非国有单位投资占全社会投资总额的比重（FGYTZ）来反映；三是经济利益分配市场化份额的大小，用地方财政收入占GDP比重（CZSR）和非国有单位劳动报酬比重（FGYBC）来反映。

分析用数据与市场化指数及排序情况如表4-17所示：

表4-17　　各地区市场化测度指标及市场化指数

| 地区 | FGYGY（%） | FGYTZ（%） | CZSR（%） | FGYBC（%） | 市场化指数 | 排序 |
|---|---|---|---|---|---|---|
| 北京 | 46.372 | 74.038 | 15.958 | 63.201 | 0.757 | 2 |
| 天津 | 55.344 | 67.275 | 10.701 | 54.126 | 0.596 | 7 |
| 河北 | 67.950 | 78.263 | 5.756 | 28.783 | 0.410 | 16 |
| 山西 | 45.991 | 64.919 | 10.428 | 29.931 | 0.389 | 17 |
| 内蒙古 | 56.509 | 61.019 | 8.083 | 31.886 | 0.382 | 20 |
| 辽宁 | 57.070 | 75.522 | 9.822 | 36.224 | 0.496 | 10 |
| 吉林 | 46.701 | 72.639 | 6.068 | 32.010 | 0.325 | 22 |
| 黑龙江 | 18.549 | 59.308 | 6.235 | 37.174 | 0.195 | 27 |
| 上海 | 60.556 | 64.868 | 17.019 | 56.855 | 0.779 | 1 |
| 江苏 | 86.465 | 84.014 | 8.693 | 51.655 | 0.724 | 3 |
| 浙江 | 85.010 | 78.021 | 8.783 | 55.095 | 0.723 | 4 |
| 安徽 | 52.739 | 71.454 | 7.383 | 40.046 | 0.430 | 13 |
| 福建 | 84.611 | 68.509 | 7.562 | 58.635 | 0.686 | 6 |
| 江西 | 65.793 | 67.735 | 7.088 | 25.842 | 0.382 | 19 |
| 山东 | 77.264 | 86.250 | 6.452 | 44.389 | 0.591 | 8 |
| 河南 | 65.703 | 79.315 | 5.742 | 40.756 | 0.478 | 11 |
| 湖北 | 51.244 | 63.326 | 6.396 | 31.121 | 0.320 | 23 |
| 湖南 | 57.798 | 67.966 | 6.593 | 34.294 | 0.388 | 18 |
| 广东 | 79.964 | 78.751 | 8.962 | 53.458 | 0.696 | 5 |
| 广西 | 60.082 | 70.061 | 7.032 | 26.482 | 0.366 | 21 |
| 海南 | 60.390 | 71.861 | 8.853 | 28.030 | 0.426 | 14 |
| 重庆 | 49.147 | 71.943 | 10.739 | 44.608 | 0.524 | 9 |

表4-17(续)

| 地区 | FGYGY (%) | FGYTZ (%) | CZSR (%) | FGYBC (%) | 市场化指数 | 排序 |
|---|---|---|---|---|---|---|
| 四川 | 64.569 | 67.791 | 8.099 | 31.220 | 0.434 | 12 |
| 贵州 | 32.339 | 58.484 | 10.399 | 27.257 | 0.291 | 25 |
| 云南 | 31.462 | 54.275 | 10.265 | 30.604 | 0.292 | 24 |
| 陕西 | 26.509 | 54.158 | 8.695 | 26.138 | 0.204 | 26 |
| 甘肃 | 25.319 | 47.146 | 7.064 | 20.917 | 0.107 | 30 |
| 青海 | 25.841 | 58.329 | 7.237 | 17.116 | 0.123 | 29 |
| 宁夏 | 45.742 | 69.148 | 9.000 | 38.341 | 0.420 | 15 |
| 新疆 | 13.908 | 62.698 | 8.114 | 26.329 | 0.160 | 28 |
| 变异系数 | 0.372 | 0.133 | 0.303 | 0.328 | – | – |
| 权重 | 0.327 | 0.117 | 0.267 | 0.289 | – | – |

绘制人力资本适配度与市场化指数的散点图,图4-7显示人力资本适配度与市场化指数高度正相关,计算相关系数为0.880 6。散点分布同样表现出明显的临界性质,人力资本适配度在0.4以下的地区其市场化指数呈聚集状,尽管误差较大,但整体表现为急速的上升趋势,而人力资本适配度在0.4以上的地区则呈现较为集中的线性关系。

因此,人力资本适配度与地区的市场化水平间的关系主要表现为双低和双高,将人力资本适配度与市场化指数相对应对地区类型进行划分,如表4-18所示。

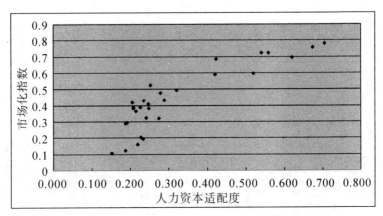

图 4-7　各省市区人力资本适配度与市场化指数散点图

表 4-18　人力资本适配度与地区市场化水平相对应的地区分类

| 地区类型 | 适配度 | 包含的省市区 |
|---|---|---|
| 双低 | <0.4 | 青海、宁夏、甘肃、贵州、云南、广西、新疆、江西、山西、安徽、吉林、黑龙江、内蒙古、陕西、湖北、湖南、河北、四川、重庆、河南、辽宁 |
| 双高 | ≥0.4 | 山东、福建、浙江、江苏、天津、北京、广东、上海 |

　　以人力资本适配度等于 0.4 为界，建立虚拟变量模型进行分段回归。回归结果显示拟合情况良好，人力资本适配度差异对市场化水平的影响非常明显。模型表明，在人力资本适配度较低的地区（小于 0.4），人力资本适配度对市场化指数的边际影响为 2.239 1。而人力资本适配度较高的地区（大于等于 0.4），模型截距提高 0.604 7，人力资本适配度对市场化指数水平的边际影响为 0.522 3。因此，低适配度地区的市场化指数表现为低水平高增长，而高适配度地区的市场化指数表现为高水平低增长。这说明提高人力资本适配度在促进地区市场化水平

提高上起着重要的作用，而在市场化程度较低的地区发挥的作用更大。

## 4.7　人力资本适配度与区位因素

最后要讨论的是人力资本适配度与区位因素的关系。中国地域辽阔，各地区经济增长的初始水平、政策机遇等都有着巨大的差异。而各地区由于自身地缘文化的影响形成了独特的人文情怀，使其劳动者带有鲜明迥异的地区性格特征，由此对人力资本的适应能力带来了较大的影响。张一力在其著作《人力资本与区域经济增长——温州与苏州比较实证研究》中将温州的永嘉文化和江苏的吴文化进行比较，探讨了文化对人力资本结构模式形成的影响。周文斌（2007）比较了温州和西安两个文化背景截然不同的城市的人力资源能力，认为人力资本因文化的影响存在区域异质性。

因此，区位因素对人力资本适配度同样有着较大的影响。关于区位的划分目前已有多种标准，除了传统的东中西部划分以外，2004年6月国务院发展研究中心发展战略和区域经济研究部部长李善同在参与泛珠三角区域合作与发展论坛期间提出了可能以八大经济区来取代以往的东中西部划分方法，令政策制定更符合当今经济发展的实际要求。这八大经济区域是：南部沿海地区（广东、福建、海南），东部沿海地区（上海、江苏、浙江），北部沿海地区（山东、河北、北京、天津），东北地区（辽宁、吉林、黑龙江），长江中游地区（湖南、湖北、江西、安徽），黄河中游地区（陕西、河南、山西、内蒙古），西南地区（广西、云南、贵州、四川、重庆），西北地区（甘肃、青海、宁夏、西藏、新疆)。

由于目前研究经济增长的地区差异仍然是采用东中西部划分,因此仍然按照传统的东中西部划分方法加上东北地区,即东部地区(北京、天津、河北、上海、广东、福建、江苏、浙江、山东、海南)、中部地区(湖南、湖北、河南、安徽、山西、江西)、西部地区(内蒙古、广西、陕西、云南、贵州、四川、重庆、甘肃、青海、宁夏、西藏、新疆)以及东北地区(辽宁、吉林、黑龙江)。此外,将东部地区进一步划分为南部沿海、东部沿海和北部沿海地区,以便更加深入讨论人力资本适配度的地区差异。

统计结果显示东部地区人力资本适配度水平明显高于其他三个地区,而东北、中部和西部地区的人力资本适配度无明显差异,离散程度也大致相近。对于东部地区来说,东部沿海的三个省市的人力资本适配水平最高,其次是北部沿海,再次是南部沿海。由此说明当前中国人力资本适配度的区位特征主要表现为两个区域的差异,即发达地区(东部)与欠发达地区(东北、中部和西部)的差异,发达地区人力资本适配度普遍高于欠发达地区,其经济实力和发展潜力也高于欠发达地区,如表 4 - 19 所示:

表 4 - 19　东中西部及东北地区人力资本适配度描述统计指标

| 描述统计 | 东部 | | | | 东北 | 中部 | 西部 |
| --- | --- | --- | --- | --- | --- | --- | --- |
| | 总体 | 东部沿海 | 北部沿海 | 南部沿海 | | | |
| 平均值 | 0.486 8 | 0.585 2 | 0.457 0 | 0.428 0 | 0.270 0 | 0.250 4 | 0.223 1 |
| 标准差 | 0.152 5 | 0.084 3 | 0.167 5 | 0.184 4 | 0.044 9 | 0.026 0 | 0.032 1 |
| 变异系数 | 0.313 3 | 0.144 0 | 0.366 4 | 0.430 9 | 0.166 3 | 0.103 9 | 0.144 0 |

## 4.8　本章主要结论

　　人力资本适配度与各经济增长影响因素之间的相关性分析表明，人力资本适配性主要通过促进资本形成、加大人力资本投资、加快知识积累与技术进步、提高对外开放与市场化程度方面推动中国经济增长。而这些影响因素同样也促进了人力资本适配性的形成和提升，总体来看基本形成人力资本适配性与经济增长的良性互动。

　　然而，人力资本适配性未明显促进产业结构优化。原因在于与其他因素相比，产业结构高度较为稳定，各地区产业结构相似性较强，尤其是经济上比较落后的地区这种相似性更为突出。这说明产业结构升级和调整滞后于经济增长的要求，对经济增长的影响较小。这使得人力资本适配性与产业结构高度之间未表现出明显同升同降的趋势，也表明当前产业结构转换对人力资本适配性的影响较小。

　　区位因素对经济增长水平和能力有着重要的影响作用，对人力资本适配性差异也有着较强的解释能力。不同区位的人力资本适配性差距巨大，与经济增长的巨大差异相互印证，呈现出中国经济增长中人力资本适配性因区位而变化的基本面貌。

　　各地区人力资本适配度与各经济增长影响因素之间的关系呈现低水平聚集和高水平发散的性状。这种成团聚集状态提示也许存在人力资本适配度门槛，使地区经济增长出现低水平趋同和高水平趋异的现象。

# 第五章
# 包含人力资本适配度的中国经济增长模型及实证分析

人力资本适配性与经济增长主要影响因素之间存在较强的相关性，将其纳入经济增长研究的一般框架有其合理性。本章尝试将人力资本适配度引入经济增长模型，对人力资本适配性在经济增长中的作用进行实证分析。并对中国经济增长中是否存在人力资本适配度门槛进行检验，在此基础上描述和分析中国地区经济增长差异及其经济增长特征。

为此，首先基于 C-D 生产函数的基本形式构建了一个包含人力资本适配度的跨省经济增长模型，利用 2007 年中国各省市区的截面数据，对人力资本适配性在中国经济增长中所起的作用进行评估。其次，根据所建立的经济增长模型利用 Quandt（1958）提出的检验方法证实了中国经济增长中存在显著的人力资本适配度门槛。

本章的研究证实人力资本适配度对经济增长有着显著而重要的影响，而人力资本适配度门槛的存在更进一步揭示出中国经济增长中普遍存在的低水平人力资本"陷阱"。跨越人力资本适配度门槛对经济落后地区摆脱"贫困陷阱"有着决定性的影响。

## 5.1　包含人力资本适配度的中国经济增长模型

### 5.1.1　中国经济增长模型构建与变量选择

20 世纪 20 年代末，美国数学家 Charles Cobb 和经济学家 Paul Douglas 提出生产函数一词，并用 1822—1922 年的数据资料导出了著名的 Cobb-Douglas 生产函数。此后经济学家们对 C-D 生产函数进行了修改和扩充并广泛应用于实证研究中，用于建立经济增长模型，使其成为了经济增长核算的基本形式。

如体现技术进步的索洛模型、舒尔茨测算教育贡献率使用"余数分析法"所采用的模型、丹尼森的经济增长核算以及卢卡斯（1988）的两时期模型。随着时代的发展，对经济增长问题研究的深入，现代经济学者更重视人力资本因素以及结构和制度因素在经济增长中的作用，如 Wang & Yao（2001）、王金营（2001），王文博等（2002）、谭永生（2007）的研究将人力资本、产业结构以及制度变迁等因素加入模型中。如表 5－1所示：

表 5－1 　　　近年来生产函数的主要研究成果

| 年份 | 研究者 | 生产函数成果 |
|------|--------|--------------|
| 1928 | Cobb, Douglas | C－D 生产函数 |
| 1937 | Douglas, Durand | C－D 生产函数的改进型 |
| 1957 | Solow | C－D 生产函数的改进型 |
| 1960 | Solow | 含体现型技术进步生产函数 |
| 1961 | Arrow 等 | 两要素 CES 生产函数 |
| 1967 | Sato | 二级 CES 生产函数 |
| 1968 | Sato, Hoffman | VES 生产函数 |
| 1968 | Aigner, Chu | 边界生产函数 |
| 1971 | Revanker | VES 生产函数 |
| 1973 | Chrestensen, Jorgenson | 超越对数生产函数 |
| 1980 | － | 三级 CES 生产函数 |

资料来源：李子奈．计量经济学．北京：高等教育出版社，2000：186.

近年来关于人力资本与经济增长的实证研究中，大部分是直接采用索洛模型或是在 C－D 生产函数中加入其他影响因素。就国内相关文献来看，只有王金营（2001）考虑了人力资本与物质资本相互替代的可能性分别采用索洛模型、两要素 CES 生产函数构建了中国总量生产函数和产业生产函数，其实证研究结果表明物质资本投入与劳动力或人力资本存量的替代弹性近似为 1，基本符合 C－D 生产函数对投入要素间要求具有不变替代弹性为 1 的假设条件。由此证明，中国经济增长模型满足 C－D 生产函数关系。随后，王金营又利用索洛模型建立了包含人力资本的有效劳动模型得到良好的检验效果。因此，借鉴索洛模型和卢卡斯模型的观点与模型形式，结合本书的研究目的，建立了以 C－D 生产函数为基本形式包含人力资本适配度的中国经济增长模型。模型形式如下：

$$Y_i = A(i) K_i^{\alpha} L_i^{\beta} HF_i^{\gamma} e^{\varepsilon_i} \quad (i = 1, 2, \cdots, 29) \qquad (5-1)$$

其中，$Y_i$ 代表各地区的国内生产总值，$K_i$ 代表各地区的资本存量，$L_i$ 代表各地区的就业人员，$HF_i$（Human Capital Fitness）则代表各地区的人力资本适配度。

这里人力资本适配度已包含人力资本在提高物质资本质量和效率、促进知识积累和技术进步、推动结构转换并实现人力资本有效配置、适应和进一步推动制度变迁等方面的外部性作用，因此，模型的"余值"可能包含生产流程和管理体制的创新、组织文化、区位因素以及人力资本天赋等对经济增长的影响。

## 5.1.2 指标数据的收集与处理

由于资本存量缺失了重庆的数据，因此本书所构建的经济增长模型是采用 2007 年 29 个地区的数据进行截面估计，均采用当年价数据。各地区 2007 年的 GDP 数据、劳动力数据均取自《2008 年中国统计年鉴》，而 2001—2007 年的固定资本形成总额以及固定资产投资价格指数取自 2002—2008 年《中国统计年鉴》，各地区的适配度数据取自第三章的计算结果。

为配合资本存量数据，实证分析中将重庆与四川的数据合并处理。鉴于样本容量较大，这样的处理对模型整体估计和模型分析不会带来大的影响。在合并适配度数据时，考虑两个地区的适配度差距较小，排序也非常接近，加上重庆市良好的增长性，采用平均数的方法求得重庆和四川的总体人力资本适配度。

## 5.2　中国经济增长模型的估计与检验

对公式5－1进行变形，两端取自然对数得到中国经济增长模型，如5－2式所示：

$$\ln Y_i = a + \alpha \ln K_i + \beta \ln L_i + \gamma \ln HF_i + \varepsilon_i \qquad (5-2)$$

其中，Y代表产出，即各地区的国内生产总值，用软件计算时用GDP代表。$\alpha$代表资本的产出弹性，$\beta$代表劳动力的产出弹性，而$\gamma$则代表人力资本适配度的产出弹性。

用于建立跨地区的中国经济增长模型的原始数据如表5－2所示：

表5－2　　中国地区经济增长模型原始数据序列

| 地区 | GDP（亿元） | 就业人数（万人） | 当年价资本存量（亿元） | 人力资本适配度 |
|------|------------|----------------|---------------------|--------------|
| 北京 | 9 353.32 | 1 111.42 | 23 112.68 | 0.674 |
| 天津 | 5 050.40 | 432.74 | 13 440.24 | 0.520 |
| 河北 | 13 709.50 | 3 567.19 | 26 172.07 | 0.246 |
| 山西 | 5 733.35 | 1 550.10 | 11 685.87 | 0.208 |

表5-2（续）

| 地区 | GDP<br>（亿元） | 就业人数<br>（万人） | 当年价资本存量<br>（亿元） | 人力资本<br>适配度 |
|------|------|------|------|------|
| 内蒙古 | 6 091.12 | 1 081.53 | 14 818.06 | 0.208 |
| 辽宁 | 11 023.49 | 2 071.26 | 20 274.64 | 0.320 |
| 吉林 | 5 284.69 | 1 096.19 | 12 718.60 | 0.241 |
| 黑龙江 | 7 065.00 | 1 659.86 | 14 409.04 | 0.232 |
| 上海 | 12 188.85 | 876.58 | 33 069.79 | 0.704 |
| 江苏 | 25 741.15 | 4 193.17 | 49 801.67 | 0.559 |
| 浙江 | 18 780.44 | 3 615.38 | 37 904.07 | 0.541 |
| 安徽 | 7 364.18 | 3 597.62 | 13 130.78 | 0.236 |
| 福建 | 9 249.13 | 1 998.87 | 18 623.56 | 0.424 |
| 江西 | 5 500.25 | 2 195.65 | 11 067.00 | 0.248 |
| 山东 | 25 965.91 | 5 262.20 | 56 642.97 | 0.420 |
| 河南 | 15 012.46 | 5 772.72 | 30 103.50 | 0.279 |
| 湖北 | 9 230.68 | 2 763.02 | 17 625.30 | 0.274 |
| 湖南 | 9 200.00 | 3 749.35 | 19 244.41 | 0.226 |
| 广东 | 31 084.40 | 5 292.84 | 44 562.28 | 0.620 |
| 广西 | 5 955.65 | 2 759.61 | 10 688.55 | 0.215 |
| 海南 | 1 223.28 | 414.81 | 2 643.85 | 0.252 |
| 四川 | 14 627.81 | 6 568.15 | 39 582.07 | 0.271 |
| 贵州 | 2 741.90 | 2 283.05 | 6 552.97 | 0.187 |
| 云南 | 4 741.31 | 2 600.82 | 9 620.77 | 0.191 |
| 陕西 | 5 465.79 | 1 922.00 | 14 927.33 | 0.228 |

表5-2(续)

| 地区 | GDP<br>（亿元） | 就业人数<br>（万人） | 当年价资本存量<br>（亿元） | 人力资本<br>适配度 |
|------|------|------|------|------|
| 甘肃 | 2 702. 40 | 1 374. 38 | 6 394. 45 | 0. 151 |
| 青海 | 783. 61 | 276. 29 | 2 139. 36 | 0. 188 |
| 宁夏 | 889. 20 | 309. 46 | 2 556. 12 | 0. 205 |
| 新疆 | 3 523. 16 | 800. 84 | 10 739. 66 | 0. 219 |

根据公式5-2，首先对以上数据进行对数化处理，然后对各变量进行相关性分析，以预估模型中是否容易出现共线性问题。上述变量的相关系数矩阵如表5-3所示：

表5-3　　　　　　　各变量相关系数矩阵表

| 相关系数 | LnGDP | LnK | LnL | LnHF |
|------|------|------|------|------|
| LnGDP | 1 | | | |
| LnK | 0. 984 5 | 1 | | |
| LnL | 0. 809 9 | 0. 757 0 | 1 | |
| LnHF | 0. 635 0 | 0. 659 3 | 0. 166 4 | 1 |

相关性分析显示，各解释变量与被解释变量之间均为高度相关，而各解释变量之间的相关性有强有弱，资本存量数据与其他两个变量有较为显著的相关性，适配度变量相对独立。因此模型中会存在一定的共线性影响，但影响程度是否危害到模型有效性和稳定性则需进一步检验。

模型估计采用最小二乘法，根据29个省市区的原始数据，利用SPSS16.0进行分析和回归。得到包含人力资本适配度的中国经济增长模型估计输出结果，如表5-4所示：

**表5-4　包含人力资本适配度的中国经济增长模型输出结果**

| 表5-4-1模型概要（Model Summary） | | | | | |
|---|---|---|---|---|---|
| 模型 | 相关系数 R | 可决系数 R Square | 校正可决系数 Adjusted R Square | 估计标准误差 Std. Error of the Estimate | Durbin - Watson 统计量 |
| 1 | 0.992 | 0.983 | 0.981 | 0.125 94 | 2.319 |

| 表5-4-2方差分析（ANOVA） | | | | | | |
|---|---|---|---|---|---|---|
| 模型 | | 平方和 Sum of Squares | 自由度 df | 均方误差 Mean Square | F统计量 | 显著水平 Sig. |
| 1 | 回归（Regression） | 23.471 | 3 | 7.824 | 493.248 | 0.000 a |
| | 残差（Residual） | 0.397 | 25 | 0.016 | | |
| | 总和（Total） | 23.867 | 28 | | | |

| 表5-4-3系数（Coefficients） | | | | | | |
|---|---|---|---|---|---|---|
| 模型 | | 非标准化系数 Unstandardized Coefficients | | t统计量 | 显著水平 Sig. | 共线性诊断 Collinearity Statistics |
| | | B | 标准差 | | | 容忍度 Tolerance / 方差膨胀因子 VIF |
| 1 | 常数项 | -0.379 | 0.515 | -0.736 | 0.469 | |
| | LnK | 0.789 | 0.076 | 10.373 | 0.000 | 0.137 / 7.292 |
| | LnL | 0.257 | 0.056 | 4.572 | 0.000 | 0.233 / 4.295 |
| | LnHF | 0.251 | 0.097 | 2.576 | 0.016 | 0.313 / 3.195 |

根据回归结果写出包含人力资本适配度的经济增长模型如下：

$$\ln Y_i = -0.379 + 0.789\ln K_i + 0.257\ln L_i + 0.251\ln HF_i \tag{5-3}$$

t = (-0.736)　(10.373)　(4.572)　(2.576)

p = (0.469)　(0.000)　(0.000)　(0.016)

$R^2 = 0.983$　D.W. = 2.319　F = 493.248

将5-3还原为其生产函数形式，可写成：

$$\hat{Y}_i = 0.684\,6K_i^{0.789}L_i^{0.257}HF_i^{0.251} \tag{5-4}$$

以上模型显示，包含人力资本适配度的地区经济增长模型拟合效果良好，解释变量所解释的总变差达到了 98.3%，模型 F 统计量高度显著，说明变量总体解释能力很强。模型拟合优度很高，模型中各解释变量参数的伴随概率均小于 0.05，因此各解释变量的 t 统计量在 5% 的显著水平上全部显著。共线性检验显示各参数的容忍度与方差膨胀因子未出现明显异常，判定无严重多重共线性。对残差绘制自相关图后显示模型残差序列平稳，无自相关现象，DW 统计量接近 2，查得其上下临界值分别为 1.2 和 1.65，因此通过自相关检验，证实模型中不存在自相关。

需要说明的是，由于模型是采用截面数据进行估计的，不存在时间序列数据通常容易产生的非平稳性，因此，没有必要对数据进行单位根检验和乔纳森协整检验。而模型的估计结果也说明模型具有良好的适用性和解释能力，不存在"伪回归"现象。

模型估计结果表明，中国经济增长目前仍然主要依靠资本投入。资本存量的产出弹性达到 0.789，即资本存量每增长 1% 则各地区 GDP 平均增长 0.789%；劳动就业的产出弹性为 0.257，即就业人数每增长 1% 各地区 GDP 平均增长 0.257%。两者产出弹性之和为 1.046，Wald 检验显示中国经济增长中资本和劳动力存在规模报酬不变的特征。值得注意的是人力资本适配度的产出弹性达到了 0.251，即人力资本适配度每提高 1%，各地区的 GDP 平均增长 0.251%，且在 5% 的水平上显著，说明人力资本适配度对于经济增长有着显著的促进作用，是产生规模报酬递增的主要来源。表现在经济增长中人力资本与物质资本的有效结合，人力资本在知识积累和技术进步的关键性作用，以及促进经济结构有效转换和适应并推动制度变迁等方面发挥积极作用而产生的外部效应。

模型估计结果支持了人力资本在经济增长中具有外部性的

假设，也证明人力资本适应能力的高低对经济增长能力和水平有着较强的影响作用，用人力资本适配度来研究有效人力资本的发挥程度是可行的。因此，对人力资本适配度的关注和研究是我们应当重视的问题。

## 5.3 中国经济增长中的人力资本适配度门槛

包含人力资本适配度的中国经济增长模型虽然取得了良好的估计结果，但我们在分析人力资本适配度与经济增长要素间相关性时就已发现其存在临界效应。可以看出人力资本适配度大致有两个临界值，即 0.3 和 0.5。当人力资本适配度小于 0.3 时，这些地区在所有的经济增长要素方面均表现欠佳，散点图表现为成团聚集。而当人力资本适配度超过 0.3 以后，这些地区大部分经济增长要素的表现开始好转，尤其是人力资本适配度超过 0.5 的地区如上海、北京、广东、江苏、浙江、天津，其经济实力、经济结构、政策环境在全国都是名列前茅的。以上现象表明中国经济增长中可能存在人力资本适配度门槛，由于人力资本适配度是衡量有效人力资本水平高低的工具，因此也间接说明中国经济增长中可能存在人力资本门槛。

但是否存在门槛，其具体的门槛值是多少，是两区制门槛（一个门槛）还是三区制门槛（两个门槛）则需要通过一定的统计方法来进行检验。经济增长中"人力资本适配度门槛"的含义是指当人力资本适配度达到某一特定值时，经济增长的模式和特征将发生本质的改变。若证实在中国经济增长中表现出明显的人力资本适配度门槛特征，则可为研究中国地区经济增长差距以及进一步寻求落后地区加快"趋同"步伐提供新的依据和思路。

### 5.3.1 人力资本适配度门槛检验

Quandt R. E. 于 1958 年提出了一种判断线性回归函数极值的方法，其基本思想是当一个自变量的取值如果使得按照该变量数值排序而设置的虚拟变量的估计系数的 t 检验值最大，则此时该值为该变量的关键拐点，其含义是只有当该变量超过该值时，研究对象将发生结构改变（刘厚俊和刘正良，2006）。

"门槛值"通常有两种，一种是以时间为结构改变的转折点，另一种是以变量为结构改变的转折点，这里我们是以人力资本适配度作为结构改变的变量。即是要观察当人力资本适配度达到什么水平时，原样本开始发生结构改变。为此，按照Quandt 的做法，以人力资本适配度 HF 设置虚拟变量 D，寻找其门槛值。用于门槛回归的经济增长模型为：

$$\ln Y_i = a + \alpha \ln K_i + \beta \ln L_i + \gamma D_i + \varepsilon_i \qquad (5-5)$$

具体做法是首先将各地区的人力资本适配度由小到大进行排序，从最小的人力资本适配度值开始设立人力资本门槛，凡是超过这个取值的地区都令其虚拟变量取值为 1，进行回归，得到虚拟变量 D 的参数检验 t 值；然后，将次小的人力资本适配度值设为人力资本门槛，凡是超过这一取值的地区都令其虚拟变量取值为 1，而未超过这一取值的地区令其虚拟变量取值为0，代入经济增长模型中进行回归，由此得到第二个虚拟变量的参数检验 t 值；以此类推；将所有的人力资本适配度值从小到大依次设为人力资本门槛，得到所有回归系数 $\gamma$ 的 t 检验值。

根据这一思路，我们按照人力资本适配度 HF 的取值从小到大的顺序设置了 28 个虚拟变量，依次代入模型进行回归。发现在所有的模型中，当人力资本适配度等于 0.32 时，其虚拟变量的 t 检验值达到最大为 2.436，在 5% 的临界水平上显著。而当人力资本适配度小于 0.32 或大于 0.32 时，虚拟变量的 t 值都不显著。这说明0.32是一个分界点，由此形成的高于该值和低于该值的两个子样本具有不同的经济增长模式。而之前预计的0.5左右的人力资本适配度门槛在统计上并不显著，因此确定中国经济增长中人力资本适配度门槛为0.32，说明中国地区经济增长具有两区制人力资本适配度门槛的特征。

两区域所包含的地区如表5-5所示。相应的门槛回归模型输出结果如表5-6所示：

表5-5　　按人力资本适配度门槛划分的地区类型

| 地区类型 | HF 值 | 包含的地区 |
|---|---|---|
| 未过人力资本适配度门槛 | <0.32 | 青海、宁夏、甘肃、贵州、云南、广西、新疆、江西、山西、安徽、吉林、黑龙江、内蒙古、陕西、湖北、湖南、河北、四川、重庆、河南 |
| 跨越人力资本适配度门槛 | ≥0.32 | 上海、北京、广东、江苏、浙江、天津、山东、福建、辽宁 |

表5-6　　人力资本适配度门槛检验回归模型输出结果

| 表5-6-1模型概要（Model Summary） | | | | | |
|---|---|---|---|---|---|
| 模型 | 相关系数 R | 可决系数 R Square | 校正可决系数 Adjusted R Square | 估计标准误差 Std. Error of the Estimate | Durbin - Watson 统计量 |
| D20 | 0.991 | 0.983 | 0.981 | 0.127 36 | 1.894 |

| 表5-6-2方差分析（ANOVA） | | | | | | |
|---|---|---|---|---|---|---|
| 模型 | | 平方和 Sum of Squares | 自由度 df | 均方误差 Mean Square | F 统计量 | 显著水平 Sig. |
| D20 | 回归（Regression） | 23.462 | 3 | 7.821 | 482.113 | 0.000 [a] |
| | 残差（Residual） | 0.406 | 25 | 0.016 | | |
| | 总和（Total） | 23.867 | 28 | | | |

表 5 - 6 （续）

| 表 5 - 6 - 3 系数 （Coefficients） | | | | | | |
|---|---|---|---|---|---|---|
| 模型 | | 非标准化系数<br>Unstandardized Coefficients | | t 统计量 | 显著水平<br>Sig. | 共线性诊断<br>Collinearity Statistics | |
| | | B | 标准差<br>Std. Error | | | 容忍度<br>Tolerance | 方差膨胀因子<br>VIF |
| D20 | 常数项 | - 0.998 | 0.345 | - 2.897 | 0.008 | | |
| | LnL | 0.235 | 0.052 | 4.502 | 0.000 | 0.278 | 3.592 |
| | LnK | 0.833 | 0.065 | 12.817 | 0.000 | 0.192 | 5.205 |
| | D20 | 0.187 | 0.077 | 2.436 | 0.022 | 0.445 | 2.249 |

回归结果表明，模型高度显著，其拟合优度达到 0.983，各参数 t 统计量均显著。共线性诊断结果表明模型的容忍度和方差膨胀因子都较小，说明模型中不存在严重的多重共线性。此外 DW 统计量为 1.894，查表可证实模型中不存在自相关，模型拟合良好，基本能够反映变量间的数量关系。

### 5.3.2 人力资本适配度门槛有效性的统计检验

为检验该门槛值是否能有效识别不同地区的经济增长差异，我们利用假设检验方法对人力资本适配度门槛的有效性进行检验。基本思路是首先按照人力资本适配度门槛将 29 个省市区划分为两个子样本，一个是人力资本适配度小于门槛值的地区，即未过适配度门槛的地区，另一个是人力资本适配度大于该门槛值的地区，即跨越适配度门槛的地区。对两个地区分别回归建立其经济增长模型，并对这两个模型中各解释变量的参数是否相等进行检验。如果统计检验结果表明门槛下与门槛上这两个子样本的经济增长模型参数存在着显著差异，即说明该门槛值在区分地区间经济增长差异上具有较强的识别能力，门槛值有效。

#### 5.3.2.1 未过人力资本适配度门槛地区的经济增长模型

利用 HF 值小于 0.32 的 20 个地区数据建立经济增长模型，

同样用 SPSS16.0 进行回归。初次回归发现由于模型中存在较为严重的异方差影响到参数的显著性，因此，对该模型采用加权最小二乘法进行估计，以消除异方差的影响。经比较和检验，利用模型残差平方的倒数作为模型权数，得到估计输出结果如表 5-7 所示：

**表 5-7** **未过人力资本适配度门槛地区加权最小二乘回归估计输出结果**

| 表 5-7-1 模型概要 (Model Summary) | |
|---|---|
| 多重相关系数 (Multiple R) | 0.999 |
| 可决系数 (R Square) | 0.998 |
| 校正可决系数 (Adjusted R Square) | 0.997 |
| 估计标准误差 (Std. Error of the Estimate) | 0.652 |
| 极大似然函数值 (Log-likelihood Function Value) | 23.089 |

| 表 5-7-2 方差分析 (ANOVA) | | | | | |
|---|---|---|---|---|---|
| | 平方和 Sum of Square | 自由度 df | 均方误差 Mean Square | F 统计量 | 显著水平 Sig. |
| 回归 (Regression) | 1 707.331 | 3 | 569.110 | 1.338E3 | 0.000 |
| 残差 (Residual) | 3.403 | 8 | 0.425 | | |
| 总和 (Total) | 1 710.734 | 11 | | | |

| 表 5-7-3 系数 (Coefficients) | | | | | |
|---|---|---|---|---|---|
| | 非标准化系数 Unstandardized Coefficients | | 标准化系数 Standardized Coefficients | | t 统计量 | 显著水平 Sig. |
| | B | 标准差 | Beta | 标准差 | | |
| 常数项 | -0.288 | 0.256 | | | -1.129 | 0.292 |
| LnK | 0.829 | 0.030 | 0.750 | 0.027 | 27.422 | 0.000 |
| LnL | 0.219 | 0.024 | 0.193 | 0.021 | 9.226 | 0.000 |
| LnHF | 0.348 | 0.041 | 0.191 | 0.023 | 8.420 | 0.000 |

根据输出结果写出未过人力资本适配度门槛的经济增长模型如下：

$$\ln \hat{Y}_i = -0.288 + 0.829 \ln K_i + 0.219 \ln L_i + 0.348 \ln HF_i \quad (5-6)$$

t = (−1.129)　　(27.422)　　(9.226)　　(8.420)

p = (0.292)　　　(0.000)　　　(0.000)　　　(0.000)

$R^2 = 0.998$　　　F = 1 338　　　DW = 2.286

将该模型还原为生产函数形式：

$$\hat{Y}_i = 0.749\ 8K_i^{0.829}L_i^{0.219}HF_i^{0.348} \tag{5-7}$$

对模型进行检验，各参数取值合理正常，模型拟合良好，无自相关和异方差，无严重共线性，因此该模型基本说明未过人力资本适配度门槛地区的经济增长态势。

总体而言，未过人力资本适配度门槛的地区资本产出弹性较大，达到 0.829，而劳动力的产出弹性相对较小，仅为 0.219。说明这一区域的经济增长主要依靠大量的资本投入驱动，劳动力的产出能力较小，也说明劳动者所具有的人力资本产出能力较小。此外，通过对模型中资本存量和劳动力的参数之和是否为 1 进行 Wald 检验，检验结果表明这些地区的资本与劳动力投入存在规模报酬不变的性质，也说明了人力资本有效延缓了资本投入过多而带来的边际效益递减的问题。而人力资本适配度在这些地区的经济增长中也发挥着显著的作用，即人力资本适配度的差异对于地区经济增长的差异的影响是显著的。然而由于目前这些地区的人力资本适配度差异很小，也使得这些地区的经济增长差异不明显。

### 5.3.2.2　跨越人力资本适配度门槛地区的经济增长模型

同时，对跨越人力资本适配度门槛的 9 个地区也建立了经济增长模型。由于这 9 个地区的经济增长路径有着较大的区别，使得模型异方差现象相当严重。事实上，从散点图已经能够看出，这 9 个地区的资本投入、劳动力投入以及人力资本适配度数据发散程度远远高于未过人力资本适配度门槛的地区，呈现出很大的差异。因此，为了避免严重异方差对模型造成估计上的困难，仍然采用加权最小二乘法对模型进行回归。经

SPSS16.0 选择权数进行回归后得到输出结果，如表5-8所示：

表5-8　　　　跨越人力资本适配度门槛地区加权
最小二乘回归估计输出结果

| 表5-8-1 模型概要（Model Summary） | |
| --- | --- |
| 多重相关系数（Multiple R） | 0.999 9 |
| 可决系数（R Square） | 0.999 9 |
| 校正可决系数（Adjusted R Square） | 0.999 8 |
| 估计标准误差（Std. Error of the Estimate） | 0.001 |
| 极大似然函数值（Log-likelihood Function Value） | 14.141 |

| 表5-8-2 方差分析（ANOVA） | | | | | |
| --- | --- | --- | --- | --- | --- |
| | 平方和 Sum of Squares | 自由度 df | 均方误差 Mean Square | F 统计量 | 显著水平 Sig. |
| 回归（Regression） | 0.009 9 | 3 | 0.003 3 | 3.344E3 | 0.012 |
| 残差（Residual） | 0.000 1 | 1 | 0.000 1 | | |
| 总和（Total） | 0.010 | 4 | | | |

| 表5-8-3 系数（Coefficients） | | | | | | |
| --- | --- | --- | --- | --- | --- | --- |
| | 非标准化系数 Unstandardized Coefficients | | 标准化系数 Standardized Coefficients | | t 统计量 | 显著水平 Sig. |
| | B | 标准差 | Beta | 标准差 | | |
| 常数项 | 1.148 | 0.658 | | | 1.743 | 0.332 |
| LnK | 0.504 | 0.079 | 0.357 | 0.056 | 6.357 | 0.099 |
| LnL | 0.461 | 0.028 | 0.560 | 0.034 | 16.657 | 0.038 |
| LnHF | 0.314 | 0.063 | 0.170 | 0.034 | 4.946 | 0.127 |

根据输出结果写出跨越适配度门槛地区的经济增长模型：

$$\ln\hat{Y}_i = 1.148 + 0.504\ln K_i + 0.461\ln L_i + 0.314\ln HF_i \quad (5-8)$$

t = （1.743）　　（6.357）　　（16.657）　　（4.946）

p = （0.332）　　（0.099）　　（0.038）　　（0.127）

$$R^2 = 0.999\ 9 \qquad F = 3\ 644 \qquad DW = 2.106$$

将模型还原为生产函数形式可写成：

$$\hat{Y}_i = 3.151\ 9K_i^{0.504}L_i^{0.461}HF_i^{0.314} \tag{5-9}$$

模型参数取值合理正常，经加权处理后拟合优度高度显著。其他检验统计量的表现尚佳，资本与劳动力的参数检验统计量均在 5% 的水平上显著，而人力资本适配度显著性相对较低。为排除可能存在的多重共线性影响，对模型进行了岭回归估计。岭回归估计结果显示模型参数并未如预期表现出明显的收敛趋势，这说明模型中不存在严重的多重共线性。

因此，模型中人力资本适配度不够显著仍然是由于严重异方差带来的。具体考察其原因主要有两个：首先，这 9 个地区的经济增长路径各不相同，人力资本适配度差异较大，使得参数方差过大而降低其显著性。这 9 个地区中，北京已经表现出服务型经济的特征，其增长要素投入和经济结构与其他 8 个地区都有着显著差异，人力资本适配度总体较高，各二、三级人力资本适配度指数非常均衡。上海、天津呈现以高技术和高素质劳动力推动的工业化特征，其人力资本直接产出能力强，资本聚集能力以及在知识积累与创新上的适应能力也较强。广东较高的人力资本适配度主要来源于其资本聚集能力以及结构转换与对外开放的适应能力，江苏、浙江、福建的人力资本则以结构转换与制度变迁适应能力见长，而山东和辽宁的资本推动特征则较为明显。其次，由于该集团样本数过少，加之不可能扩充样本，自由度太低，使异方差的影响难以完全克服。但总体而言，该模型基本能够描述跨越人力资本适配度门槛地区的经济增长特征。与未过人力资本适配度门槛的地区相比，跨越人力资本适配度门槛的地区资本存量的产出弹性显著降低，而劳动力的产出弹性明显上升。这说明在人力资本适配度较高的地区，资本的作用相对较低，而劳动者的产出能力相对较高，其人力资本在经济增长中的作用强于人力资本适配度较低的地区。此外,我们对资本与劳动力系数规模报酬不变的性质进行了 Wald 检验,检验结果表明模型也存在规模报酬不变的特征,同样说明人力资本在延缓资本边际效益递减上发挥了重要作用。

因此,在经济实力较强的地区,资本作用相对较低,人力资本的作用上升,经济增长逐渐从过多依赖资本投入转向更多地依靠人力资本适配性的提高。

### 5.3.2.3 未过人力资本适配度门槛与跨越人力资本门槛模型参数的齐性检验

进行两个独立正态总体样本均值的比较时,通常可以利用 T 检验并根据方差是否具有齐性构建不同的统计量进行检验(施锡铨和范正琦,2007)。为此,我们首先需要检验跨越适配度门槛和未过适配度门槛的各省市区直辖市所构成的这两个子样本是否服从正态分布。如表 5-9,表 5-10 所示:

表 5-9　　　　未过人力资本适配度门槛的
经济增长模型变量正态性检验结果

| | Kolmogorov - Smirnov [a] 统计量 | | | Shapiro - Wilk 统计量 | | |
|---|---|---|---|---|---|---|
| | 统计量值 | 自由度 | 显著水平 Sig. | 统计量值 | 自由度 | 显著水平 Sig. |
| LnGDP | 0.193 | 20 | 0.050 | 0.907 | 20 | 0.055 |
| LnK | 0.194 | 20 | 0.048 | 0.921 | 20 | 0.103 |
| LnL | 0.113 | 20 | 0.200 [*] | 0.939 | 20 | 0.234 |
| LnHF | 0.093 | 20 | 0.200 [*] | 0.958 | 20 | 0.500 |

表 5 - 10　　　　　跨越人力资本适配度门槛的
经济增长模型变量正态性检验结果

| | Kolmogorov - Smirnov [a] 统计量 | | | Shapiro - Wilk 统计量 | | |
|---|---|---|---|---|---|---|
| | 统计量值 | 自由度 | 统计量值 | 自由度 | 统计量值 | 自由度 |
| LnGDP | 0.172 | 9 | 0.200 * | 0.938 | 9 | 0.556 |
| LnK | 0.140 | 9 | 0.200 * | 0.949 | 9 | 0.678 |
| LnL | 0.180 | 9 | 0.200 * | 0.919 | 9 | 0.383 |
| LnHF | 0.176 | 9 | 0.200 * | 0.942 | 9 | 0.607 |

　　检验结果显示，所有变量的 Shapiro - Wilk 统计量显著性检验值都大于 0.05，说明按该统计量标准所有变量均为正态分布。在 Kolmogorov - Smirnov 统计量的显著值中，仅有未过适配度门槛模型中的 LnK 为 0.048，其余值都大于 0.05。由于未过适配度门槛的省区数有 20 个，样本量较大，而其显著值也非常接近临界值，因此我们忽略这一影响，仍然认为在 5% 的显著水平下三个变量均为正态分布。

　　在明确各变量的子样本均为正态性分布的基础上我们利用 F 统计量检验两个参数是否具有方差齐性，做如下假设：

$H_0$：$\sigma_0^2 = \sigma_1^2$（具有方差齐性）

$H_1$：$\sigma_0^2 \neq \sigma_1^2$（不具有方差齐性）

构造统计量

$$F = \frac{S_1^2}{S_0^2} \sim F_\alpha\ (n_1 - 1,\ n_0 - 1) \tag{5-10}$$

来检验零假设是否成立。

　　其中：$S_1^2$——跨越人力资本适配度门槛回归模型参数的方差

　　　　　$S_0^2$——未过人力资本适配度门槛回归模型参数的方差

　　显然，当 F 值落在数值 1 左右时，$H_0$ 为真的可能性较大，而当 F 远离 1，即越来越大或越来越小于 1 时，拒绝 $H_0$ 的可能性将逐渐增大。因此，在给定显著性水平后，我们对 F 构建双侧检验形式，寻找其上临界点 $F_U$ 和下临界点 $F_L$。此时，$F > F_U$ 和 $F < F_L$ 的概率各为 $\frac{\alpha}{2}$。

通常我们可以通过查表直接求到 F 统计量的上临界点，当 $\alpha = 0.05$ 时，$F_U = F_{0.025}$（8，19）$= 2.956\ 257$，由于下临界点无法直接查到，考虑用另外一个 F 检验统计量。故

$$F' = \frac{S_0^2}{S_1^2} \sim F_\alpha\ (n_0 - 1, \ n_1 - 1) \tag{5-11}$$

该统计量与 F 统计量恰好互为倒数，因此，找到 F' 的上临界点对其求倒数就找到了 F 统计量的下临界点，即

$$F_L = 1/F_{\frac{\alpha}{2}}\ (n_0 - 1, \ n_1 - 1) = 1/F_{0.025}\ (19, \ 8) = 0.247\ 9$$

在 $\alpha = 0.05$ 的显著水平下，若 $F_L \leqslant F \leqslant F_U$ 则认为这两个参数具有方差齐性，经检验，跨越适配度门槛与未跨越适配度门槛的经济增长模型参数中 lnL 与 lnHF 均是方差齐性的，而 LnK 则为方差非齐性。因此应当分别采用方差相等条件以及方差不等条件下的 T 统计量对两个模型参数的差异性进行检验。如表 5-11 所示：

**表 5-11　　跨越适配度门槛与未过适配度门槛**
**经济增长模型参数方差齐性检验**

| 模型 | LnK | | LnL | | LnHF | | $F_L$ | $F_U$ |
|---|---|---|---|---|---|---|---|---|
| | 方差 | F | 方差 | F | 方差 | F | | |
| 跨越适配度门槛 | 0.006 2 | 0.144 2 | 0.078 4 | 0.734 7 | 0.396 9 | 0.423 5 | 0.247 9 | 2.952 6 |
| 未过适配度门槛 | 0.000 9 | | 0.057 6 | | 0.168 1 | | | |

对于两组样本 $(x_1, x_2, \cdots, x_m)$ 与 $(y_1, y_2, \cdots, y_n)$，若经检验为方差齐，则它们的共同方差为这两组样本方差的加权平均值（袁荫棠，1989）。其公式为：

$$S_w^2 = \frac{(m-1)\ S_x^2 + (n-1)\ S_y^2}{m+n-2} \tag{5-12}$$

而方差齐条件下的 T 统计量公式为：

$$T = \frac{\overline{x} - \overline{y}}{\sqrt{S_w^2\left(\frac{1}{m} + \frac{1}{n}\right)}} \tag{5-13}$$

相反，若为方差非齐性，则需利用以下公式计算 T 统计量：

$$T = \frac{\overline{x} - \overline{y}}{\sqrt{\dfrac{S_m^2(x)}{m} + \dfrac{S_n^2(y)}{n}}} \tag{5-14}$$

首先提出假设，令：

$H_0 : \mu_0 = \mu_1$

$H_1 : \mu_0 \neq \mu_1$

在零假设成立的条件下，利用公式 5-13 与 5-14 计算得出判定经济增长模型中跨越门槛与未过门槛的参数是否相等的 T 统计量，如表 5-12 所示。

表 5-12　检验两个模型参数是否相等的统计量及检验结果

| 参数 | T 值 | P 值 | 是否拒绝 $H_0$ |
|---|---|---|---|
| LnK | 11.223 8 | 0.000 01 < 0.05 | 拒绝（$\alpha = 5\%$） |
| LnL | 2.387 6 | 0.024 2 < 0.05 | 拒绝（$\alpha = 5\%$） |
| LnHF | 1.735 8 | 0.05 < 0.094 < 0.1 | 拒绝（$\alpha = 10\%$） |

　　以上检验结果表明跨越人力资本适配度门槛与未过人力资本适配度门槛模型的资本与劳动力的参数在 5% 的显著水平下有着明显的差异，而人力资本适配度的参数则在 10% 的显著水平上有差异。由此说明人力资本适配度能够显著解释中国地区经济增长差异，同时证明人力资本适配度门槛值能够有效识别具

有不同人力资本适配度水平的地区表现出的不同的经济增长特征。

### 5.3.3 人力资本适配度门槛的经济意义检验

人力资本适配度门槛的显著性是根据各地区资本、劳动力以及人力资本适配度量上的差异而确定的。那么这个门槛是否能够区分不同地区经济增长特征质的差别呢？因此，从经济意义上对人力资本适配度门槛的合理性进行判定甚为重要。

客观地说，本书计算得到的人力资本适配度门槛值（HF = 0.32）具有相对合理性。首先，对门槛上与门槛下地区的划分较为合理，该门槛值能够辨识出中国经济增长中最明显的地区差异。门槛上地区都是目前中国经济较发达的地区，而门槛下地区均是经济不够发达或很不发达的地区，排序上也较为合理。这说明该门槛值在区域经济增长模式差异上具有较强的识别能力。其次，这种合理性又是相对的。主要表现两个方面：一是在临界点及附近地区上，人力资本适配度差异不大，在经济增长模式上也不应该存在太大差异；二是从经济增长影响因素的表现来看，门槛上地区的经济增长模式差异性较大。从主要的经济增长路径上看，有产业结构高级化推动的，如北京、上海；有技术进步促进的，如北京、上海、天津；有制度效应推动的，如广东、浙江、江苏、福建；也有资本投入带动的如山东、辽宁。然而，这种差异因自由度过低以及数据本身差异较小未能识别。

鉴于本书是从总体上把握中国经济增长中的人力资本适配性问题，能够用人力资本适配度识别出主要的经济增长差异已经达到研究目的，因此仍然采用该门槛值作为划分区域的依据。

## 5.4　本章主要结论

　　将人力资本适配度引入经济增长模型，经过估计和检验，证实以人力资本适配度所反映的有效人力资本在经济增长中发挥着积极的促进和推动作用，不仅使资本与劳动力投入保持规模报酬不变，而且给经济增长带来较强的外部效应。

　　为了更好地解释中国经济增长中地区"趋异"现象，本章对所建立的经济增长模型进行了人力资本适配度门槛检验。检验结果表明中国经济增长中确实存在人力资本适配度门槛，统计检验证实该门槛值能够有效识别地区经济增长路径的差异。依据此门槛值将中国各省市区划分为两大区域，即跨越人力资本适配度门槛的地区与未过人力资本适配度门槛的地区。

　　对两区域分别建立经济增长模型，实证分析结果显示，跨越人力资本适配度门槛的地区资本产出弹性（0.504）明显低于后者（0.829），而劳动力的产出弹性（0.461）则明显高于后者（0.219）。这说明在人力资本适配度较高的地区，资本投入在经济增长中的作用相对较低，而劳动力的贡献则相对较高。两区域经济增长模型中人力资本适配度的产出弹性差距相对较小，在10%的临界水平上显著，说明人力资本适配度在两区域的作用有一定的差异，但差距不甚明显。由于人力资本适配度较低的地区有着更大的产出弹性（0.348），说明若能有效提高其人力资本适配度，将有助于实现经济快速增长。因此，落后地区应首先实现向发达地区人力资本适配度的"追赶"，从而实现经济增长的"追赶"。

# 第六章
# 中国人力资本适配性
# 影响因素辨析

人力资本适配度门槛效应表明，中国人力资本二元结构现象较为明显，使地区经济实力、经济增长要素投入特征以及经济结构的优化程度都出现了很大的差距，由此带来跨越人力资本适配度门槛与未过人力资本适配度门槛两个不同区域经济增长模式的巨大差异。本章从影响人力资本适配性的因素入手，识别中国经济增长中影响人力资本适配性的重要因素及其区域差异，为寻求提升人力资本适配性促进经济增长的有效途径提供依据。分析中为表述方便，将跨越人力资本适配度门槛的地区简称为门槛上地区，而未过人力资本适配度门槛的地区则简称为门槛下地区。

## 6.1　影响人力资本适配性的主要因素

影响人力资本适配性的因素大致可从三个方面进行观察：一是人力资本形成的途径，即教育培训、"干中学"、"健康"以及"迁移流动"；二是人力资本在结构变化和制度变迁中的流动与配置能力；三是由此形成的特定人力资本类型的影响，高素质人力资本比重的提高也会提高人力资本总体适配度。将这三个方面进一步具体化，将影响人力资本适配性的因素界定为劳动力的受教育程度、人力资本投资、人力资本类型、人力资本区域流动以及制度变迁的影响，并观察这些因素与人力资本适配度之间的关系。见表6-1。

### 6.1.1　劳动力受教育程度

根据2007年全国各地区就业人员受教育程度构成，计算各地区就业人员平均受教育年限，并分别统计初中及以下受教育程度、高中和大专及以上受教育程度的人员比例，观察就业人员受教育水平和构成与人力资本适配度的关系。

表6-1　全国各地区就业人员平均受教育年限和教育程度构成

| 地区 | 人力资本适配度 | 就业人员受教育程度构成 | | | 平均受教育年限（年） |
|------|------|------|------|------|------|
| | | 初中及以下（%） | 高中（%） | 大专及以上（%） | |
| 上海 | 0.704 | 35.1 | 27.48 | 27.68 | 11.30 |
| 北京 | 0.674 | 33.0 | 24.49 | 34.23 | 11.77 |
| 广东 | 0.620 | 52.4 | 17.84 | 8.09 | 9.33 |
| 江苏 | 0.559 | 47.9 | 14.27 | 6.68 | 8.61 |
| 浙江 | 0.541 | 42.1 | 12.10 | 8.02 | 8.40 |
| 天津 | 0.520 | 42.8 | 25.22 | 17.42 | 10.37 |
| 福建 | 0.424 | 38.6 | 12.15 | 7.28 | 8.17 |
| 山东 | 0.420 | 53.2 | 11.84 | 5.22 | 8.47 |
| 辽宁 | 0.320 | 53.0 | 13.41 | 9.72 | 9.22 |
| 四川 | 0.288 | 38.1 | 7.83 | 4.11 | 7.51 |
| 河南 | 0.279 | 57.8 | 11.11 | 4.11 | 8.44 |
| 湖北 | 0.274 | 43.6 | 14.51 | 6.84 | 8.43 |
| 重庆 | 0.253 | 86.4 | 9.49 | 4.07 | 7.87 |
| 海南 | 0.252 | 53.5 | 14.20 | 5.20 | 8.60 |
| 江西 | 0.248 | 40.5 | 13.60 | 8.88 | 8.63 |
| 河北 | 0.246 | 56.5 | 10.54 | 4.38 | 8.54 |
| 吉林 | 0.241 | 49.4 | 15.23 | 7.40 | 8.98 |
| 安徽 | 0.236 | 44.9 | 7.26 | 3.49 | 7.25 |
| 黑龙江 | 0.232 | 53.4 | 14.50 | 7.50 | 9.07 |

表6-1(续)

| 地区 | 人力资本适配度 | 就业人员受教育程度构成 | | | 平均受教育年限（年） |
|------|------|------|------|------|------|
| | | 初中及以下（%） | 高中（%） | 大专及以上（%） | |
| 陕西 | 0.228 | 45.0 | 13.65 | 8.15 | 8.49 |
| 湖南 | 0.226 | 48.2 | 12.87 | 5.61 | 8.54 |
| 新疆 | 0.219 | 44.6 | 10.69 | 10.57 | 8.78 |
| 广西 | 0.215 | 52.9 | 9.89 | 4.27 | 8.38 |
| 山西 | 0.208 | 56.9 | 13.67 | 7.86 | 9.16 |
| 内蒙古 | 0.208 | 44.3 | 14.02 | 7.90 | 8.54 |
| 宁夏 | 0.205 | 39.6 | 10.66 | 9.30 | 7.92 |
| 云南 | 0.191 | 30.3 | 5.92 | 3.53 | 6.76 |
| 青海 | 0.188 | 28.5 | 9.71 | 9.19 | 7.25 |
| 贵州 | 0.187 | 33.8 | 5.53 | 4.16 | 6.86 |
| 甘肃 | 0.151 | 35.1 | 8.59 | 4.04 | 6.78 |

资料来源：《2008年中国劳动统计年鉴》表1-44。其中：平均受教育年限的计算是分别假定未受过教育、小学、初中、高中、大专、本科、研究生的受教育年限分别为0、6、9、12、15、16和19年，利用就业人员在各级受教育程度中分布的比重进行加权平均得到。

计算各地区就业人员的受教育程度构成和平均受教育年限与人力资本适配度的相关系数，如表6-2所示：

表6-2　各地区就业人员受教育情况与人力资本适配度相关性

| | 人力资本适配度 | 初中及以下（%） | 高中（%） | 大专及以上（%） | 受教育年限 |
|------|------|------|------|------|------|
| 人力资本适配度 | 1 | | | | |
| 初中比例 | -0.1107 | 1 | | | |

表6-2(续)

|  | 人力资本适配度 | 初中及以下（%） | 高中（%） | 大专及以上（%） | 受教育年限 |
|---|---|---|---|---|---|
| 高中比例 | 0.747 1 | -0.072 6 | 1 | | |
| 大专及以上比例 | 0.683 3 | -0.330 7 | 0.836 6 | 1 | |
| 受教育年限 | 0.715 6 | 0.056 8 | 0.936 3 | 0.844 6 | 1 |

　　由相关系数矩阵可知，人力资本适配度与就业人员平均受教育年限相关系数为0.715 6，具有显著正相关关系。从受教育程度构成来看，人力资本适配度与就业人员中具有高中学历人员的比重相关性最强，相关系数为0.747 1，与大专及以上学历人员的比重也是显著相关。初中及以下人员比重与人力资本适配度有微弱的负相关关系，说明初中及以下受教育程度就业人员比重高的地区人力资本适配度较低。

　　然而分区域来看，人力资本适配度门槛之上的地区和门槛之下的地区却是大不相同。如表6-3所示，门槛上地区人力资本适配度与受教育程度较高的就业人员比重显著相关，初中及以下受教育程度的就业人员与人力资本适配度显现出显著的负相关关系。说明在这一区域人力资本适应能力的提高主要依靠具有高中及以上学历的就业人员，而就业人员受教育程度的提高则能有效提升人力资本适配度。

　　门槛下地区的情况则完全相反。表6-4显示，人力资本适配度与就业人员的平均受教育年限相关性大大下降，仅为0.445 4。从受教育程度构成来看，门槛下地区初中及以下受教育程度就业人员对人力资本适配度有着较大的正影响，高中文化程度的就业人员相关性次之，高层次文化水平的就业人员却与其人力资本适配度呈现微弱的负相关关系。

表6-3　门槛上地区就业人员受教育情况与人力资本适配度相关性

| | 人力资本适配度 | 初中及以下（%） | 高中（%） | 大专及以上（%） | 受教育年限 |
|---|---|---|---|---|---|
| 人力资本适配度 | 1 | | | | |
| 初中及以下% | -0.583 8 | 1 | | | |
| 高中% | 0.713 2 | -0.590 7 | 1 | | |
| 大专及以上% | 0.666 3 | -0.763 8 | 0.867 1 | 1 | |
| 受教育年限 | 0.664 8 | -0.599 1 | 0.936 5 | 0.963 4 | 1 |

表6-4　门槛下地区就业人员受教育情况与人力资本适配度相关性

| | 人力资本适配度 | 初中及以下（%） | 高中（%） | 大专及以上（%） | 受教育年限 |
|---|---|---|---|---|---|
| 人力资本适配度 | 1 | | | | |
| 初中及以下% | 0.458 3 | 1 | | | |
| 高中% | 0.326 1 | 0.295 5 | 1 | | |
| 大专及以上% | -0.120 8 | -0.194 1 | 0.560 3 | 1 | |
| 受教育年限 | 0.445 4 | 0.487 4 | 0.870 9 | 0.963 4 | 1 |

由此说明，地区间人力资本适配度差异跟就业人员的受教育程度有很大关系，但这种关系受地区经济增长水平影响而呈现出不同的特征。在门槛上地区，受教育程度较高的劳动者对经济增长贡献较大，受教育程度较低的劳动者则受到排斥。而在门槛下地区，经济增长主要依靠受教育程度较低的劳动者，高学历劳动者对该区域人力资本适配性水平没有明显的促进作用。这与其较低的经济水平、落后的经济结构有着密切的联系。

## 6.1.2 人力资本投资

舒尔茨认为，人力资本也是资本，需要通过投资来形成。而人力资本主要是通过教育培训、医疗保健、"干中学"以及迁移流动形成的，因此人力资本投资主要表现为在教育和培训上的投资、医疗保健投资以及迁移流动的机会成本。

然而，由于各地区迁移流动的机会成本较难把握，考虑到低素质劳动者通常对机会成本不敏感，因此，主要从教育、培训和医疗保健投资来研究人力资本投资与人力资本适配度的关系。

### 6.1.2.1 人力资本教育研发与培训投资

人力资本教育培训可分为公共投资与私人投资。从内容上看大致包括三个方面：一是用于教育、文化和娱乐的投资，二是用于职业训练的投资，三是研发投入。由此形成五种人力资本教育培训投资类型，即公共教育投资、私人教育投资、公共职业培训投资、私人职业培训投资和公共研发投资。为此，分别研究各类人力资本教育培训投资与人力资本适配度之间的关系。

其中，公共教育投资是采用各地方财政支出中的"科教文卫事业费"数据，私人教育投资则是采用城乡居民消费支出中教育文化娱乐的数据。要注意的是，这些数据中既包括了正规教育投资，也包括职业教育投资，而私人教育投资中还包括了用于接受职业培训的个人支出。因此这里的人力资本教育投资既包含正规教育投资也包含公共职业教育投资，以及个人接受职业教育与职业训练支出的概念。为避免重复，人力资本培训投资重点反映企业进行职业训练的投资。

（1）人力资本教育投资

根据人力资本投资数据计算了政府财政支出中用于教育和

文化方面的支出作为公共投资部分，私人投资则是城乡居民消费支出中用于文化娱乐教育的费用之和。考虑到各地区人口基数不同，教育投资又带有公共品性质，因此采用人均教育投资数据用于分析。见表6-5。

表6-5　人力资本教育投资与人力资本适配度相关性

|  | 人力资本适配度 | 人均公共教育投资 | 人均私人教育投资 |
|---|---|---|---|
| 人力资本适配度 | 1 |  |  |
| 人均公共教育投资 | 0.709 1 | 1 |  |
| 人均私人教育投资 | 0.918 8 | 0.856 6 | 1 |

相关性分析表明，人力资本适配度与教育投资的相关性较强。尤其是私人教育投资，与人力资本适配度的相关性达到了0.918 8，高度正相关，这说明个人对教育投资的重视有助于人力资本适配度的提高。因此，教育投资对于人力资本适配性有很强的促进作用，而公共教育投资的作用小于私人教育投资的作用。

由于门槛上地区与门槛下地区的人力资本水平和结构有着显著区别，因此这两个区域人力资本投资对人力资本适配度形成的影响必然存在较大差异。分别对两区域分析其人力资本适配度与人力资本教育投资的相关性发现，门槛上地区无论是私人教育投资还是公共教育投资对人力资本适配度都有着非常显著的正向促进作用。这说明该区域的公共教育投资效率较高，私人教育投资在其人力资本适配性形成上发挥着重要作用。见表6-6。

表6-6 门槛上地区人力资本适配度与人力资本教育投资相关性

| | 人力资本<br>适配度 | 人均公共<br>教育投资 | 人均私人<br>教育投资 |
|---|---|---|---|
| 人力资本适配度 | 1 | | |
| 人均公共教育投资 | 0.748 6 | 1 | |
| 人均私人教育投资 | 0.904 2 | 0.916 2 | 1 |

此外，门槛上地区人均公共教育投资与私人教育投资的相关性明显高于整体，说明其公共教育投入与私人教育投资匹配度较好。

门槛下地区的公共教育投资对人力资本适配度有较明显的负面影响，私人教育投资有微弱的正向相关性，如表6-7所示：

表6-7 门槛下地区人力资本适配度与人力资本教育投资相关性

| | 人力资本<br>适配度 | 人均公共<br>教育投资 | 人均私人<br>教育投资 |
|---|---|---|---|
| 人力资本适配度 | 1 | | |
| 人均公共教育投资 | -0.440 2 | 1 | |
| 人均私人教育投资 | 0.218 5 | 0.052 6 | 1 |

由此表明门槛下地区教育投资的增长并未带动人力资本积累和适配性的提升，教育投入效率低、人力资本投资浪费现象严重。同时由于高级人力资本向较发达地区的流动，形成两区域人力资本的"马太效应"，进一步加大了两个区域在人力资本适配性水平上的差异。此外，门槛下地区的公共教育投资与私人教育投资几乎没有相关性，即公共教育投资高的地区私人教育投资不高，而私人教育投资高的地方公共教育投资不高，两

种投资不匹配相互牵扯,使教育投资总量偏低,也是影响人力资本适配度积累的原因之一。

(2)企业培训投资

职业训练的目的是通过知识和能力的获取适应职业生活的要求,由于人力资本也会贬值,因此,要维持终身职业生活就需要不断地开发与工作相关的能力。职业训练与正规教育有着显著的不同,正规教育提供的是"通识",重在培养基本素质,而职业训练则是"专识",重在培养专业能力。广义的职业训练对象还应涵盖包括应届毕业生、在职人员以及失业者在内的人员,对职业能力的开发是职业训练的主要内容。然而由于公共职业教育投资已经涵盖在了教育投资中,因此这里只分析企业在人力资本积累和适配性提升方面进行的投资,即企业在职教育和训练的投资。

由于就业人员是人力资本的直接载体,而就业人员的知识和能力的积累与其工作内容和工作技能密切相关。因此,强化就业人员在实际工作中的学习和训练对于提升整个地区的人力资本水平和适应性都有着非常重要的作用。正因如此,很多发达国家都非常重视企业员工的在职培训。如美国最大的100家工业企业中用于科技人员专业知识更新和拓展的经费每年增长25%,每年接受教育培训的工程师占工程师总数的20%。根据美国最大的培训产业杂志 *Training Magazine*(2005 Industry Report)所提供的信息,2005年美国企业培训的总开销达到511亿美元,扣除工资后,培训产品和服务的开销也有135亿美元(谭永生,2007)。英国将在职培训作为政府社会福利,与培训机构和企业合作,向企业主提供补贴,鼓励员工用带薪假期参加培训。据统计,英国平均每位经理每年有8.5天的时间是用来专门接受培训。日本的职业培训则定位于开发员工终身职业能力,更具系统性和连续性。由于终身雇佣的原因,日本雇主总是花大力气为新雇员提供一流的职业技能。而三星等韩国大企业每年用于培养人才的经费高达 6 000 多万美元，人均投资相当于美国、西欧国家大中型企业的两倍（徐文银和范伟红，2007）。

根据"中国企业人力资源管理发展报告"课题组对中国企业员工培训现状的调查，我国企业在员工培训经费的投入上普遍较低。其中，在被调查企业中仅有 8.7% 的企业培训经费投入相对较高，大约占企业销售收入 3‰ 以上。而 48.2% 的企业培训经费投入很低，占销售收入的比重在 0.5‰ 以下。从地区差异来看，中、西部企业培训经费投入占企业销售收入 5‰ 以上的比例分别为 5.6% 和 4.5%，高于东部企业（中国企业人力资源管理发展报告课题组，2007）。

国家教育发展研究中心"构建学习型社会和终身学习体系"课题组 2004 年对我国广东、浙江、山东、湖南、甘肃等九省 154 个企业的 555 名管理人员和 8 176 名员工以及名农村劳动者的在职学习培训情况调查也显示企业的培训费用总体上偏低，而且企业之间很不平衡。高新技术企业和技术水平与现代化管理水平较高的企业职工培训费用略高，人均培训费用为 1 021 元，而技术进步比较慢的企业员工人均培训费用为 300 元左右。而企业培训费用的分担比例，企业承担的费用占 59%，员工承担 24%，政府承担 13%（郝克明等，2005）。

南京大学商学院赵曙明和吴慈生（2003）对 31 家中国企业集团所作的调查显示，企业集团对员工培训较为重视，其年度预算方案均设有员工培训，用于新员工培训和员工专项技能开发。尽管企业集团高度重视员工培训，但预算经费大部分都低于国家法定的标准。其中，培训经费占员工工资 0.5% 以下的企业集团占 38.7%，在 0.5%~1.5% 的企业集团也占 38.7%，1.5%~3% 的企业集团占 19.4%，3% 以上的企业仅占 3.2%

（赵曙明和吴慈生，2003）。由此可见，不管是普通企业还是企业集团，尽管都认同员工培训的重要性，但在经费投入力度上都比较小，大部分都没能达到国家规定的最低标准。

据麦肯特企业顾问有限公司副总裁刘昆提供的数据，在美国的制造业，大约每年有4%的销售收入投入了员工的不定点培训之上①，远远高于我国3‰~5‰的水平；对这个行业的从业人员来讲，平均参与该类培训的时间是每年 2.3 天，与此同时，定点培训则是每周 1.64 小时。全世界最大的培训组织 ASTD（美国培训与发展协会），在全世界的 42 个国家调查了超过 550家的企业后，发现这些企业的平均培训支出在 1997 年占员工工资的 1.8%，2000 年增长到员工工资的 2.5%，而 2001 年与2002 年在美国经济发展速度放缓甚至有所衰退的情况下，企业对培训的支出却增长了 37%。

根据以上的调查分析，中国企业的员工培训经费大多未达到国家规定的职工工资总额 1.5% 的比例，与发达国家相比差距悬殊。但是由于统计数据难以取得，因此采用谭永生（2007）的做法，用企业职工工资总额的 1.5% 来代替企业的员工培训投入。

根据《2008 年中国劳动统计年鉴》分地区分行业在岗职工人数和工资总额数据计算出各地区企业员工培训经费以及人均培训经费。从工资总额的构成来看，各地区制造业就业人员工资占了最大比重，占工资总额的 24.6%。按从大到小的顺序依次是建筑业、交通运输仓储邮政业、金融业和采矿业。这 5 类行业工资占所有 19 类行业工资总额的 47%，具有较强的代表性，因此重点对这 5 类行业展开研究。见表 6-8。

---

① 数据摘自新浪财经 2005 年 8 月 23 日《企业如何做好员工培训》一文

表6-8　　　　　分地区主要行业员工培训经费情况

| 地区 | 企业职工工资总额（千元） | 人均培训经费（元） | 主要行业人均培训经费（元） | | | | |
|---|---|---|---|---|---|---|---|
| | | | 制造业 | 建筑业 | 交通运输 | 金融业 | 采矿业 |
| 上海 | 143 722 156 | 739.65 | 592.24 | 790.48 | 732.01 | 1 482.16 | 1 273.17 |
| 北京 | 219 427 429 | 697.61 | 500.70 | 510.23 | 584.23 | 1 949.73 | 618.62 |
| 广东 | 285 498 653 | 441.64 | 330.05 | 313.58 | 570.44 | 1 053.42 | 473.98 |
| 江苏 | 180 665 108 | 410.61 | 328.42 | 310.47 | 429.88 | 791.37 | 450.67 |
| 浙江 | 192 422 277 | 466.30 | 310.16 | 347.02 | 554.15 | 1 120.88 | 359.16 |
| 天津 | 60 265 337 | 524.07 | 431.78 | 555.21 | 635.77 | 1 158.89 | 643.25 |
| 福建 | 94 812 956 | 334.25 | 271.55 | 317.55 | 456.03 | 788.52 | 309.58 |
| 山东 | 199 263 557 | 342.67 | 273.05 | 275.83 | 427.89 | 635.49 | 462.80 |
| 辽宁 | 110 279 669 | 348.03 | 325.24 | 258.68 | 381.17 | 580.97 | 412.68 |
| 四川 | 109 159 719 | 319.68 | 284.24 | 225.18 | 362.47 | 574.20 | 327.01 |
| 河南 | 143 135 294 | 314.02 | 265.01 | 253.72 | 340.04 | 509.18 | 468.46 |
| 湖北 | 87 128 492 | 297.26 | 265.62 | 251.69 | 314.21 | 495.86 | 308.48 |
| 重庆 | 49 987 426 | 346.47 | 316.41 | 270.56 | 326.43 | 721.81 | 325.73 |
| 海南 | 14 400 666 | 290.36 | 246.48 | 232.47 | 450.96 | 631.59 | 280.50 |
| 江西 | 49 941 972 | 276.00 | 232.45 | 227.99 | 371.20 | 435.39 | 258.13 |
| 河北 | 97 320 710 | 298.66 | 257.65 | 231.67 | 331.98 | 448.91 | 460.87 |
| 吉林 | 52 870 460 | 307.69 | 313.43 | 214.58 | 305.05 | 436.77 | 371.50 |
| 安徽 | 70 890 722 | 332.69 | 286.01 | 261.93 | 272.04 | 475.80 | 549.20 |
| 黑龙江 | 88 411 041 | 290.79 | 267.38 | 261.92 | 322.28 | 470.27 | 362.90 |
| 陕西 | 69 861 371 | 319.44 | 270.55 | 228.76 | 366.97 | 509.85 | 439.51 |
| 湖南 | 87 081 884 | 323.01 | 296.73 | 250.70 | 334.45 | 463.84 | 262.12 |
| 新疆 | 53 323 954 | 321.51 | 307.69 | 269.86 | 487.30 | 572.05 | 510.67 |
| 广西 | 58 721 552 | 328.47 | 297.13 | 282.57 | 366.47 | 589.09 | 318.48 |
| 山西 | 78 495 880 | 322.88 | 256.17 | 253.26 | 384.12 | 459.90 | 464.15 |
| 内蒙古 | 53 658 869 | 328.26 | 287.22 | 231.79 | 394.95 | 453.21 | 410.01 |

表6-8(续)

| 地区 | 企业职工工资总额（千元） | 人均培训经费（元） | 主要行业人均培训经费（元） | | | | |
|---|---|---|---|---|---|---|
| | | | 制造业 | 建筑业 | 交通运输 | 金融业 | 采矿业 |
| 宁夏 | 15 002 429 | 393.15 | 293.40 | 270.44 | 382.76 | 672.33 | 634.48 |
| 云南 | 56 649 254 | 307.21 | 309.37 | 216.04 | 395.05 | 551.62 | 285.14 |
| 青海 | 11 206 440 | 392.49 | 305.16 | 245.24 | 448.12 | 470.81 | 429.07 |
| 贵州 | 43 924 569 | 310.02 | 271.62 | 220.28 | 331.53 | 598.09 | 307.28 |
| 甘肃 | 38 813 774 | 314.80 | 320.46 | 199.45 | 382.57 | 376.92 | 404.38 |

资料来源：《2008 年中国劳动统计年鉴》表3-4。

各地区人均培训经费开支与调查结果基本吻合，大致说明这样的技术处理具有合理性。考察各地区人力资本适配度与人均培训经费的相关性（见表6-9），其相关系数达到0.833 1，表现为高度的正相关关系，这说明企业在员工培训上的投入在人力资本适配度形成上有着积极的正向作用。

表6-9　各地区人力资本适配度与人均培训经费相关系数表

| 相关系数 | 人均培训经费 | 主要行业人均培训经费 | | | | |
|---|---|---|---|---|---|---|
| | | 制造业 | 建筑业 | 交通运输 | 金融业 | 采矿业 |
| 人力资本适配度： | | | | | | |
| 全国 | 0.833 1 | 0.719 6 | 0.790 6 | 0.807 5 | 0.880 5 | 0.564 0 |
| 门槛上地区 | 0.848 1 | 0.731 9 | 0.692 9 | 0.804 7 | 0.832 3 | 0.564 0 |
| 门槛下地区 | -0.334 3 | -0.437 6 | 0.231 7 | -0.336 3 | 0.188 6 | -0.159 8 |

分区域来看，门槛上地区人力资本适配度与人均培训经费高度正相关，而门槛下地区则总体表现出负向的相关关系，尤其是制造业的负相关关系较为明显。这说明门槛下地区的企业培训投资在人力资本适配度形成上缺乏有效性。为进一步研究不同区域企业培训投资行为的差异及其在人力资本适配度形成

上的作用，对各地区人均培训经费情况进行描述统计分析。见表6-10。

表6-10　　　　　各地区人均培训经费描述统计

| | 单位 | 人均培训经费 | 制造业 | 建筑业 | 交通运输 | 金融业 | 采矿业 |
|---|---|---|---|---|---|---|---|
| 全国： | | | | | | | |
| 平均 | 元 | 367.99 | 310.45 | 292.64 | 414.75 | 682.63 | 439.40 |
| 标准差 | 元 | 110.47 | 74.69 | 122.03 | 106.76 | 349.65 | 190.52 |
| 标准差系数 | % | 30.02 | 24.06 | 41.70 | 25.74 | 51.22 | 43.36 |
| 全距 | 元 | 463.65 | 359.79 | 591.03 | 459.97 | 1 572.81 | 1 015.05 |
| 最小值 | 元 | 276.00 | 232.45 | 199.45 | 272.04 | 376.92 | 258.13 |
| 最大值 | 元 | 739.65 | 592.24 | 790.48 | 732.01 | 1 949.73 | 1 273.17 |
| 门槛上地区： | | | | | | | |
| 平均 | 元 | 478.31 | 373.69 | 408.78 | 530.17 | 1 062.38 | 555.99 |
| 标准差 | 元 | 150.28 | 110.78 | 176.24 | 114.69 | 438.59 | 289.91 |
| 标准差系数 | % | 31.42 | 29.64 | 43.11 | 21.63 | 41.28 | 52.14 |
| 全距 | 元 | 405.41 | 320.70 | 531.80 | 350.83 | 1 368.76 | 963.59 |
| 最小值 | 元 | 334.25 | 271.55 | 258.68 | 381.17 | 580.97 | 309.58 |
| 最大值 | 元 | 739.65 | 592.24 | 790.48 | 732.01 | 1 949.73 | 1 273.17 |
| 门槛下地区： | | | | | | | |
| 平均 | 元 | 320.71 | 283.34 | 242.86 | 365.28 | 519.88 | 389.43 |
| 标准差 | 元 | 28.93 | 24.67 | 22.29 | 51.96 | 87.29 | 101.35 |
| 标准差系数 | % | 9.02 | 8.71 | 9.18 | 14.22 | 16.79 | 26.03 |
| 全距 | 元 | 117.14 | 88.01 | 83.12 | 215.26 | 344.89 | 376.36 |
| 最小值 | 元 | 276.00 | 232.45 | 199.45 | 272.04 | 376.92 | 258.13 |
| 最大值 | 元 | 393.15 | 320.46 | 282.57 | 487.30 | 721.81 | 634.48 |
| 两区域差距 | 元 | 157.61 | 90.34 | 165.92 | 164.89 | 542.50 | 166.56 |

统计数据显示，各地区人均培训经费低，差异巨大，但门槛下地区的差异性远远小于门槛上地区。

门槛上地区内部在企业培训经费投入上出现较大的分化。其中上海、北京、天津水平相近，广东、江苏、浙江相近，而福建、山东、辽宁的培训投入却与门槛下地区较为接近。这样的差异明显与地区经济增长模式密切相关。山东、辽宁和福建人力资本适配度相对较低，其中山东和辽宁是典型的资本投入带动经济增长；广东、江苏、浙江则主要发展劳动密集型产业，人力资本素质一般但适应能力强；上海、北京、天津主要是发展知识和技术密集型产业，对劳动力素质和技能有较高的要求，三个直辖市都表现为排斥普通劳动者的就业特征。以上差异造成该区域人力资本培训投资的分化。

门槛下地区的企业培训投入则相对集中，差异不大。这是因为这些地区经济增长方式相近，技术水平相近，对物质资本和人力资本的开发和利用效率也相近的原因。因此，经济增长阶段和经济增长方式对于企业培训投入行为是有着深刻影响的。

从行业上来看，各地区金融业对员工培训的力度较强。最高的是北京，人均培训经费接近 2 000 元，全国的平均水平也在 500 元以上，是五类行业中培训投入最高的。而工资总额占比最大的制造业其人均培训经费在五类行业中也是最小的。这说明无论是人力资本适配度门槛之上还是之下的地区，其制造业的技术水平还相对落后，对人力资本知识和技能水平的要求不高，人力资本培训的力度也比较小。与此相类似的还有采矿业和建筑业。而金融业由于对员工专门知识和技能的要求较高，在培训上的投入自然更大。这说明员工培训经费投入的决策与行业的知识和技术含量密切相关。

（3）研发投资

由于科研活动具有多层次多类型的特征，因此采用地区科技活动经费筹集来反映地区研发投资水平。科技活动经费筹集总额从来源看，可分为政府筹集资金、企业筹集资金和金融机构贷款三大主要来源。从研发主体来看，按重要性又可分为研究与开发机构、大中型工业企业和高等学校三大研发主体。为深入了解研发投资对人力资本适配度的影响，这里不仅给出了各地区的科技活动经费筹集总额数据，还分别从来源和主体两方面研究不同类型的研发投资在人力资本积累中的重要性。全国各地区科技经费筹集情况见表6-11、表6-12。

表6-11　　　　　按来源分各地区科技经费筹集情况

| 地区 | 人均科技经费 | 人均科技经费来源 | | | | | |
|---|---|---|---|---|---|---|---|
| | | 政府资金 | 比重 | 企业资金 | 比重 | 金融机构贷款 | 比重 |
| | 元 | 元 | % | 元 | % | 元 | % |
| 上海 | 3 020.79 | 726.26 | 24.04 | 2 077.04 | 68.76 | 36.05 | 1.19 |
| 北京 | 6 076.43 | 2 915.08 | 47.97 | 2 297.75 | 37.81 | 51.22 | 0.84 |
| 广东 | 757.58 | 71.62 | 9.45 | 617.00 | 81.44 | 38.75 | 5.11 |
| 江苏 | 1 227.00 | 157.35 | 12.82 | 926.50 | 75.51 | 106.78 | 8.70 |
| 浙江 | 1 149.70 | 121.24 | 10.55 | 908.32 | 79.00 | 83.42 | 7.26 |
| 天津 | 2 494.53 | 313.14 | 12.55 | 1 927.85 | 77.28 | 123.43 | 4.95 |
| 福建 | 551.36 | 63.10 | 11.44 | 411.77 | 74.68 | 57.00 | 10.34 |
| 山东 | 653.48 | 53.90 | 8.25 | 541.85 | 82.92 | 41.70 | 6.38 |
| 辽宁 | 668.44 | 154.37 | 23.09 | 470.65 | 70.41 | 21.62 | 3.23 |
| 四川 | 378.80 | 134.40 | 35.48 | 206.28 | 54.45 | 16.27 | 4.30 |
| 河南 | 250.90 | 37.48 | 14.94 | 187.14 | 74.59 | 16.38 | 6.53 |
| 湖北 | 405.26 | 126.08 | 31.11 | 231.65 | 57.16 | 13.12 | 3.24 |
| 重庆 | 374.87 | 58.69 | 15.66 | 266.14 | 70.99 | 24.38 | 6.50 |
| 海南 | 131.89 | 56.31 | 42.70 | 67.87 | 51.46 | 1.23 | 0.93 |
| 江西 | 209.28 | 46.37 | 22.16 | 139.96 | 66.88 | 15.70 | 7.50 |
| 河北 | 236.22 | 46.28 | 19.59 | 175.85 | 74.45 | 5.87 | 2.48 |
| 吉林 | 449.14 | 110.72 | 24.65 | 300.42 | 66.89 | 20.29 | 4.52 |
| 安徽 | 329.24 | 65.62 | 19.93 | 206.19 | 62.63 | 41.52 | 12.61 |
| 黑龙江 | 346.40 | 121.67 | 35.12 | 184.94 | 53.39 | 23.38 | 6.75 |
| 陕西 | 596.11 | 325.89 | 54.67 | 220.08 | 36.92 | 13.19 | 2.21 |
| 湖南 | 250.26 | 42.39 | 16.94 | 182.54 | 72.94 | 9.78 | 3.91 |
| 新疆 | 173.08 | 41.70 | 24.10 | 109.51 | 63.27 | 7.61 | 4.40 |

表6-11(续)

| 地区 | 人均科技经费 | 人均科技经费来源 | | | | | |
| | | 政府资金 | 比重 | 企业资金 | 比重 | 金融机构贷款 | 比重 |
| | 元 | 元 | % | 元 | % | 元 | % |
|---|---|---|---|---|---|---|---|
| 广西 | 132.78 | 29.96 | 22.56 | 88.28 | 66.48 | 6.81 | 5.13 |
| 山西 | 527.36 | 60.02 | 11.38 | 442.35 | 83.88 | 14.55 | 2.76 |
| 内蒙古 | 206.10 | 47.22 | 22.91 | 141.62 | 68.71 | 8.44 | 4.10 |
| 宁夏 | 324.00 | 58.75 | 18.13 | 235.67 | 72.74 | 25.01 | 7.72 |
| 云南 | 138.93 | 47.72 | 34.34 | 77.60 | 55.85 | 6.96 | 5.01 |
| 青海 | 247.89 | 64.45 | 26.00 | 167.42 | 67.54 | 5.86 | 2.37 |
| 贵州 | 103.74 | 23.52 | 22.67 | 67.57 | 65.14 | 5.45 | 5.25 |
| 甘肃 | 276.63 | 72.34 | 26.15 | 186.65 | 67.47 | 3.86 | 1.40 |

表6-12　按研发主体分各地区人均科技经费筹集情况

| 地区 | 人均科技经费 | 人均科技经费研发主体构成 | | | | | |
| | | 研发机构 | 比重 | 大中型工业企业 | 比重 | 高等学校 | 比重 |
| | 元 | 元 | % | 元 | % | 元 | % |
|---|---|---|---|---|---|---|---|
| 上海 | 3 020.79 | 537.07 | 17.78 | 1 491.86 | 49.39 | 355.60 | 11.77 |
| 北京 | 6 076.43 | 2 489.66 | 40.97 | 648.87 | 10.68 | 646.58 | 10.64 |
| 广东 | 757.58 | 37.76 | 4.98 | 563.26 | 74.35 | 33.96 | 4.48 |
| 江苏 | 1 227.00 | 116.44 | 9.49 | 867.54 | 70.70 | 73.60 | 6.00 |
| 浙江 | 1 149.70 | 59.78 | 5.20 | 632.65 | 55.03 | 69.17 | 6.02 |
| 天津 | 2 494.53 | 167.55 | 6.72 | 1 550.64 | 62.16 | 175.61 | 7.04 |
| 福建 | 551.36 | 28.12 | 5.10 | 336.78 | 61.08 | 22.42 | 4.07 |
| 山东 | 653.48 | 34.75 | 5.32 | 519.68 | 79.52 | 21.49 | 3.29 |
| 辽宁 | 668.44 | 102.48 | 15.33 | 423.51 | 63.36 | 62.21 | 9.31 |
| 四川 | 378.80 | 129.23 | 34.11 | 169.72 | 44.80 | 33.25 | 8.78 |
| 河南 | 250.90 | 30.53 | 12.17 | 182.85 | 72.88 | 9.13 | 3.64 |
| 湖北 | 405.26 | 103.64 | 25.57 | 171.84 | 42.40 | 58.25 | 14.37 |
| 重庆 | 374.87 | 22.44 | 5.99 | 273.13 | 72.86 | 42.41 | 11.31 |
| 海南 | 131.89 | 51.88 | 39.34 | 43.89 | 33.28 | 8.19 | 6.21 |

表6-12(续)

| 地区 | 人均科技经费 | 人均科技经费研发主体构成 | | | | | |
|------|------|------|------|------|------|------|------|
| | | 研发机构 | 比重 | 大中型工业企业 | 比重 | 高等学校 | 比重 |
| | 元 | 元 | % | 元 | % | 元 | % |
| 江西 | 209.28 | 25.64 | 12.25 | 150.89 | 72.10 | 17.77 | 8.49 |
| 河北 | 236.22 | 34.27 | 14.51 | 153.32 | 64.91 | 13.82 | 5.85 |
| 吉林 | 449.14 | 98.74 | 21.98 | 221.83 | 49.39 | 47.78 | 10.64 |
| 安徽 | 329.24 | 41.50 | 12.60 | 235.24 | 71.45 | 27.94 | 8.49 |
| 黑龙江 | 346.40 | 65.21 | 18.82 | 174.58 | 50.40 | 69.20 | 19.98 |
| 陕西 | 596.11 | 240.05 | 40.27 | 186.23 | 31.24 | 105.08 | 17.63 |
| 湖南 | 250.26 | 18.11 | 7.23 | 131.22 | 52.43 | 32.49 | 12.98 |
| 新疆 | 173.08 | 36.43 | 21.05 | 110.53 | 63.86 | 6.32 | 3.65 |
| 广西 | 132.78 | 21.46 | 16.16 | 83.17 | 62.64 | 13.29 | 10.01 |
| 山西 | 527.36 | 40.93 | 7.76 | 422.69 | 80.15 | 18.20 | 3.45 |
| 内蒙古 | 206.10 | 28.32 | 13.74 | 149.24 | 72.41 | 9.79 | 4.75 |
| 宁夏 | 324.00 | 20.33 | 6.27 | 230.40 | 71.11 | 10.29 | 3.17 |
| 云南 | 138.93 | 38.18 | 27.48 | 72.20 | 51.97 | 7.89 | 5.68 |
| 青海 | 247.89 | 27.19 | 10.97 | 165.03 | 66.58 | 8.88 | 3.58 |
| 贵州 | 103.74 | 16.38 | 15.79 | 71.99 | 69.40 | 4.81 | 4.64 |
| 甘肃 | 276.63 | 56.47 | 20.41 | 167.70 | 60.62 | 19.52 | 7.06 |

资料来源:根据《2008年中国科技统计年鉴》表1-15数据分类整理得来。

地区间科技经费投入差距非常大,人均科技经费最高的北京达到了6 000多元,而最低的贵州仅为100元左右,差距为60倍。考察人均科技经费与地区人力资本适配度之间的相关性,其相关系数为0.76,如表6-13所示,具有显著正相关关系,这说明总体而言人均科技经费投入较高的地区其人力资本适配度相应也较高。从资金筹集来源看,人力资本适配度与企业科技资金投入高度正相关,而与政府资金投入的相关性则要弱很多。从研发主体的贡献来看,大中型工业企业是人力资本研发投资的中坚力量,与人力资本适配度的关系非常密切,数据显示研发机构的投资对人力资本适配度的促进作用相对较小。

分区域来看，门槛上地区人均科技经费与人力资本适配度的相关性弱于全国水平。究其原因，是区域内投资差异过大造成的。其人均科技经费投入非常不平衡，最高投入是最低投入的 11 倍之多。从来源上看与全国趋势相似，主要依靠企业资金。而从研发主体上看，门槛上地区科技经费筹集比重相差不大，三大主体发挥的作用较平衡，与高等学校相关性略强。

门槛下地区的人力资本适配度与人均科技经费表现为微弱的正相关关系。从资金来源上看，门槛下地区人力资本适配度与金融机构贷款的相关性较强，从研发主体上看高等学校和研发机构的研发经费投入与其相关性较强。

表 6-13　人力资本适配度与人均科技经费及其构成的相关系数表

| 相关系数 | 人均科技经费 | 三大来源构成 | | | 三大研发主体构成 | | |
|---|---|---|---|---|---|---|---|
| | | 政府资金 | 企业资金 | 金融机构贷款 | 研发机构 | 大中型工业企业 | 高等学校 |
| 人力资本适配度： | | | | | | | |
| 全国： | 0.76 | 0.55 | 0.86 | 0.71 | 0.52 | 0.81 | 0.68 |
| 门槛上地区 | 0.66 | 0.54 | 0.72 | 0.11 | 0.52 | 0.51 | 0.66 |
| 门槛下地区 | 0.25 | 0.20 | 0.16 | 0.33 | 0.27 | 0.08 | 0.29 |

相关性分析表明门槛上地区的人力资本适配度与科技经费投入密切相关，而门槛下地区却无此明显的相关性。但科技经费投入总体对人力资本适配度具有正向的促进作用，加大科技经费投入对提升和区域人力资本积累是有利的。为此，进一步研究两区域科技经费投入的特征，从总量到构成，从来源到主体，对当前中国科技经费投入的情况进行分析。见表 6-14。

表 6-14　　　　　　　　两区域科技经费筹集及构成

| 指标 | 单位 | 全国 | 门槛上地区 | 门槛下地区 |
|---|---|---|---|---|
| 科技经费总额 | 万元 | 76 951 501.70 | 51 617 120.20 | 25 204 066.20 |
| 人均科技经费 | 元 | 593.60 | 1 173.49 | 294.27 |
| 科技经费来源： | | | | |
| 　政府资金 | % | 22.14 | 20.04 | 26.46 |
| 　企业资金 | % | 67.44 | 69.40 | 63.41 |
| 　金融机构贷款 | % | 4.99 | 5.00 | 4.95 |
| 研发主体： | | | | |
| 　研发机构 | % | 16.43 | 14.85 | 19.70 |
| 　大中型工业企业 | % | 56.04 | 55.39 | 57.66 |
| 　高等学校 | % | 7.96 | 7.16 | 9.65 |

资料来源：根据《2008 年中国科技统计年鉴》表 1-15 数据分类整理得来。要注意的是科技经费来源和三大研发主体资金占比均是与区域科技经费筹集总额相比，其和小于 1。其中门槛上地区三大来源占比之和为 94.44%，而门槛下地区为 94.83%；门槛上地区三大研发主体科技资金占比之和为 77.4%，门槛下地区为 87.01%。

　　从区域科技经费筹集情况来看，地区间的研发投资差别较大。门槛上地区的科技经费占了全国总额的 67%，经费筹集总额是门槛下地区的 2 倍，但总人口仅为门槛下地区的一半左右，造成了人均科技经费的巨大差别。从科技经费筹集的来源看，企业在其中发挥着非常重要的作用。门槛上地区与门槛下地区的企业资金占比都在 60% 以上，但门槛上地区的企业资金比重更大，超过了全国平均水平，接近 70%。相比而言，政府资金在门槛下地区所起的作用更大。从研发主体来看，大中型工业企业在其中起着决定性的作用，其次是研究与开发机构和高等学校。从资金占比上看，门槛上地区的三大研发主体资金占比比门槛下地区低约 10 个百分点，这说明该区域的中小型企业以及其他研发主体在研发投资上的积极性和投资力度都强于门槛下地区。

此外，门槛上地区的科技经费投资也出现了明显的分化，与地区创新型经济的发达程度密切相关。如北京、上海、天津的人均科技经费投入相对较高，在 2 000 元以上，江苏和浙江的人均科技经费投入均在 1 000 元以上，广东、山东、辽宁、福建的人均科技经费投入则处于 500 ~ 1 000 元的区间。门槛下地区人均科技经费投入的差异明显较小，尽管陕西和山西的人均科技经费投入相对较高，但总体来看基本上处于 200 ~ 500 元区间。由此可见，人力资本适配性较差的地区，研发活动不活跃，对人力资本适配度的影响较小。人力资本适配性较好的地区研发活动相对活跃，但因经济增长模式的不同而出现明显差异。

6.1.2.2  人力资本医疗保健投资

健康状况的改善与平均寿命的提高，将会显著提高劳动者的工作时间和工作效率，减少生病带来的工时损失，从而改善劳动者的产出能力。人力资本的医疗保健投资就是"通过医疗、保健、营养和体能锻炼，以及闲暇与休息"来获得的（中国人力资源开发研究会，2008）。医疗保健投资通过降低发病率和死亡率，直接增加有效劳动时间和有效劳动力。

人力资本医疗保健投资也分公共投资和私人投资两部分，公共医疗保健投资指财政支出中的卫生费用，而私人医疗保健投资则是城乡居民消费中的医疗保健支出。根据《2008 年中国统计年鉴》整理出各地区的公共和私人医疗保健投资，同时分门槛上地区和门槛下地区与人力资本适配度进行相关性分析。见表 6 - 15。

表6-15 两区域人力资本适配度与医疗保健投资相关系数

| 相关系数 | 人均公共医疗保健投资 | 人均私人医疗保健投资 | 城镇私人医疗保健投资 | 农村私人医疗保健投资 |
|---|---|---|---|---|
| 人力资本适配度： | | | | |
| 全国： | 0.589 0 | 0.745 8 | 0.609 3 | 0.722 6 |
| 门槛上地区 | 0.683 1 | 0.551 6 | 0.386 7 | 0.677 5 |
| 门槛下地区 | -0.470 5 | 0.121 6 | 0.061 5 | 0.022 7 |

　　人力资本适配度与医疗保健投资总体表现出较强的相关性，从全国来看，人力资本适配度与私人医疗保健投资尤其是农村医疗保健投资有着密切的相关关系。从两区域来看，相关性特征则明显不同。门槛上地区人力资本适配度与公共医疗投资与农村私人医疗保健投资有更加强烈的正向相关性，说明在这一区域加大公共医疗投资和农村医疗保健投资力度能有效促进人力资本适配度的增长。而门槛下地区的私人医疗保健投资与人力资本适配度几乎没有相关性，其中的公共医疗保健投资甚至与人力资本适配度呈现较明显的负相关。

　　因此，在门槛上地区，医疗保健投资对人力资本质量的提高对于促进经济增长起到了显著的作用。而门槛下地区的人均公共医疗投资处于较低水平，且基本保持稳定，对人力资本适配度的贡献不明显。从城乡居民的医疗保健投资来看，门槛上地区农村居民医疗保健投资的提高对人力资本适配度有着更明显的促进作用，而门槛下地区则无此相关性。

## 6.1.3 人力资本类型

### 6.1.3.1 对人力资本类型的划分

　　对人力资本类型的研究由来已久，学者们根据自己的研究目的，从不同的研究视角对人力资本的类型进行了划分。

　　舒尔茨（1975）在提出人力资本的概念之时，就总结了改进人力的重要活动，提出人力资本投资的五项重要内容，即医疗和保健，在职人员培训，正式建立起来的初等、中等、高等教育，不是由企业组织的为成年人组织的学习项目，个人和家庭适应就业机会变换的迁移。指出人类有五类能力具有经济价值，即学习能力、完成有意义工作的能力、进行各种文娱体育的能力，创造力和应付非均衡的能力（张一力，2005）。

李忠民（1999）将人力资本类型与社会角色结合起来，根据各种社会角色能力的不同提出四种人力资本类型，即一般型人力资本，指具有社会平均知识存量和一般能力水平的人力资本，对应一般劳动者；技能型人力资本，指具有某项特殊技能的人力资本，对应专业技术人才；管理型人力资本，对应各级各类管理人员；企业家型人力资本，指面对不确定市场，具有决策、配置资源能力的人力资本。

王金营（2001）则将人力资本类型的划分总结为两种方法：一是按人力资本形成途径进行划分，由此产生了普通教育资本、专业技术知识资本、干中学资本、健康资本和迁移与职业选择资本；另一种是按社会角色和作用来进行划分，分为一般型人力资本、专业技术型人力资本、管理型人力资本、研究与开发型人力资本和决策型人力资本。

由于本书是以人力资本适配性为研究对象，考虑到人力资本结构变动对人力资本适配度会产生较大的影响，为研究各类型人力资本及其配置状况在经济增长中的作用，我们认为按照社会角色和作用来划分人力资本类型更为合适。综合学者们的观点，充分考虑本书的研究背景，按经济价值由低到高将人力资本划分为五个类型。

（1）基础型人力资本

基础型人力资本指一般劳动者所拥有的社会平均知识存量和一般能力水平，其社会角色是普通劳动者，其特征是这类人力资本具有通用性、可替代性、经济价值较低。

（2）专业化人力资本

专业化人力资本是劳动者所拥有的专项技能，其产出能力高于基础型人力资本，较基础型人力资本需要更多的连续投资，包括接受教育、工作培训、干中学和迁移等等。其对应的社会角色是各种具有专门技能的劳动者，以专业技术人员为主体的专业化人力资本具有一般专用性、部分不可替代性，具备较高的经济价值。

（3）管理型人力资本

管理型人力资本表现为劳动者在生产活动中促成各环节协调运作，进行控制和调节的能力。也具有一般专用性和部分不可替代性。对应的社会角色是普通的经营管理者。

（4）研发型人力资本

研发型人力资本是指知识生产者进行知识生产和创新的能力。研发型人力资本对其载体——人有着更高的要求，是经济主体实现技术进步、自主创新和持续增长能力的源泉，因此，研发型人力资本具有严格专用性、不可替代性以及更高的经济价值。其对应的社会角色则是以 R&D 人员为主体的研究人员。

（5）企业家型人力资本

按照熊彼特的观点，企业家是专门从事"破坏性创造"的创新者，因此企业家型人力资本的主要功能是创新。体现为较强的创造力和应付非均衡的能力，主要表现在资源配置、发现新机会、组织管理创新等。企业家型人力资本能整合其他类型的人力资本，对其他类型人力资本发挥程度有着重要的影响，是最高级的人力资本。具有不可替代性、不可测度性。对应的社会角色是企业家。

6.1.3.2　人力资本类型对人力资本适配度的影响

为研究不同人力资本类型对人力资本适配度的影响，首先需要搜集各种人力资本类型的基础数据。

在数据搜集上难度较小的是研发型人力资本和专业化人力资本统计数据，但与其概念和内涵还是存在一定的差距。其中，研发型人力资本采用科技活动人员数来代表，基本合理。然而按照专业技术人员的统计口径，却包含了大部分专业化人力资本和部分管理型人力资本。

现行统计制度中对专业技术人员的统计只包括了城镇单位中的专业技术人员和专业技术管理人员，但不包含公务员，这样的划分方法会在一定程度上低估专业化人力资本的规模。根据统计年鉴的解释，专业技术人员具体指工程技术人员、农业技术人员、科研人员（自然科学研究、社会科学研究及实验技术人员）、卫生技术人员、教学人员（含高等院校、中等专业学校、技工学校、中学、小学）、民用航空飞行技术人员、船舶技术人员、经济人员、会计人员、统计人员、翻译人员、图书资料、档案、文博人员、新闻、出版人员、律师、公证人员、广播电视播音人员、工艺美术人员、体育人员、艺术人员及政工人员。而专业技术管理人员具体指企业、事业单位的领导；企业、事业单位下设的职能机构、企业的生产车间和辅助车间（或附属辅助生产单位）中从事生产、技术、经济管理和政治工作人员。按照公务员管理或参照公务员管理的人员不统计为专业技术人员。

企业家型人力资本的测度缺乏直接的统计资料支持，只能间接观察。国外通常用雇主与雇员的比例来反映企业家人力资本存量（张一力，2005）。这个比例通常会随人均收入的提高而增大，表明企业家人力资本价值升值。然而，中国现行统计数据无法反映雇主与雇员的比例，张一力（2005）采取用企业个数代替企业家人数的方法大致观察企业家型人力资本存量。然而，这一做法似乎欠缺代表性。因为企业家人力资本价值仍是有差异的，这种差异可以从企业规模上体现出来，规模太小的企业其企业家的人力资本价值相对较低。然而各地区规模以上的企业个数资料难以直接取得，因此选择代表性较强规模较大的企业个数作为企业家的代表。根据资料的可获得性和企业的行业与规模，将各地区规模以上工业企业、总承包建筑业企业和限额以上批发、零售业、住宿和餐饮业法人企业个数加总，得到规模上企业个数代替企业家人数。但是应当注意的是这一做法无法观察到大型企业和巨型企业的企业家人力资本的异质性，仍然有较大的局限性。

将各地区就业人员分为四个部分：一是各地区的专业技术人员数，代表专业化人力资本与管理型人力资本的规模；二是从事科学研究活动的人员数，代表研发型人力资本；三是企业家人数，近似用规模以上企业个数来代替，假定一个企业对应一个企业家，反映企业家型人力资本；四是剩余的就业人员则代表基础型人力资本。利用专业技术人员、研发型人员以及普通劳动者占就业人员的比重来表示各种人力资本类型的构成，由此形成人力资本类型的基础数据。各地区人力资本类型结构，见表6-14。

表6-16　　　　各地区人力资本类型结构（％）

| 地区 | 专业化与管理型人力资本比重 | 研发型人力资本比重 | 企业家型人力资本比重 | 基础型人力资本比重 |
|------|------|------|------|------|
| 上海 | 8.125 | 2.599 | 0.275 | 89.001 |
| 北京 | 14.296 | 3.613 | 0.080 | 82.011 |
| 广东 | 4.435 | 0.848 | 0.085 | 94.632 |
| 江苏 | 4.814 | 1.044 | 0.105 | 94.037 |
| 浙江 | 4.045 | 0.962 | 0.148 | 94.845 |

表6-16(续)

| 地区 | 专业化与管理型人力资本比重 | 研发型人力资本比重 | 企业家型人力资本比重 | 基础型人力资本比重 |
|------|------|------|------|------|
| 天津 | 10.963 | 2.603 | 0.253 | 86.181 |
| 福建 | 5.084 | 0.564 | 0.083 | 94.269 |
| 山东 | 4.446 | 0.628 | 0.073 | 94.853 |
| 辽宁 | 6.351 | 0.911 | 0.109 | 92.629 |
| 四川 | 3.465 | 0.437 | 0.041 | 96.057 |
| 河南 | 3.569 | 0.333 | 0.038 | 96.06 |
| 湖北 | 5.329 | 0.628 | 0.042 | 94.001 |
| 重庆 | 3.772 | 0.469 | 0.045 | 95.714 |
| 海南 | 4.320 | 0.214 | 0.057 | 95.409 |
| 江西 | 3.873 | 0.331 | 0.077 | 95.719 |
| 河北 | 4.568 | 0.382 | 0.053 | 94.997 |
| 吉林 | 7.470 | 0.846 | 0.067 | 91.617 |
| 安徽 | 2.834 | 0.315 | 0.032 | 96.819 |
| 黑龙江 | 6.596 | 0.693 | 0.088 | 92.623 |
| 陕西 | 5.757 | 0.774 | 0.028 | 93.441 |
| 湖南 | 3.396 | 0.364 | 0.029 | 96.211 |
| 新疆 | 9.023 | 0.377 | 0.055 | 90.545 |
| 广西 | 3.553 | 0.242 | 0.030 | 96.175 |
| 山西 | 6.694 | 0.826 | 0.035 | 92.445 |
| 内蒙古 | 6.775 | 0.388 | 0.057 | 92.78 |
| 宁夏 | 6.011 | 0.468 | 0.085 | 93.436 |

表6-16（续）

| 地区 | 专业化与管理型人力资本比重 | 研发型人力资本比重 | 企业家型人力资本比重 | 基础型人力资本比重 |
|------|------|------|------|------|
| 云南 | 3.679 | 0.221 | 0.015 | 96.085 |
| 青海 | 5.401 | 0.404 | 0.034 | 94.161 |
| 贵州 | 2.920 | 0.172 | 0.013 | 96.895 |
| 甘肃 | 4.027 | 0.388 | 0.025 | 95.572 |

资料来源：根据《2008年中国统计年鉴》表4-11，表13-4以及《2008年中国科技统计年鉴》表1-14数据整理得来。

根据以上数据计算各种类型人力资本比重与人力资本适配度的相关系数，如表6-17所示（基础型人力资本作为对比行列在最后）：

表6-17　　人力资本适配度与人力资本类型的相关性

| | 总体适配度 | 专业化与管理型人力资本 | 研发型人力资本 | 企业家型人力资本 | 基础型人力资本 |
|------|------|------|------|------|------|
| 总体适配度 | 1 | | | | |
| 专业化与管理型人力资本 | 0.4564 | 1 | | | |
| 研发型人力资本 | 0.7788 | 0.8290 | 1 | | |
| 企业家型人力资本 | 0.7279 | 0.4888 | 0.6953 | 1 | |
| 基础型人力资本 | -0.5586 | -0.9892 | -0.9017 | -0.5685 | 1 |

相关系数显示人力资本总体适配度与研发型人力资本和企业家型人力资本呈现较强的正相关关系，与专业化及管理型人力资本相关性较弱，与基础型人力资本呈现明显的负相关。由此说明经济价值较高的人力资本在提高人力资本适配性上发挥着更重要的作用。尽管我们对企业家型人力资本的度量还比较

模糊，不够准确，但也基本说明了企业家型人力资本在人力资本适配性培养中的重要地位。而研发型人力资本与企业家型人力资本较为明显的相关性表明企业家在整合研发型人力资本形成现实产出上有着重要的作用。

门槛上地区人力资本适配度与研发型人力资本的相关性最强，企业家型人力资本相关性下降，与专业化及管理型人力资本也有一定的正相关关系，与基础型人力资本显著负相关。门槛下地区的人力资本适配度与企业家型人力资本相关性最强，但仍然弱于门槛上地区。其他人力资本类型构成对门槛下地区人力资本适配性无明显影响，如表6-18与表6-19所示。需要说明的是分区域的企业家型人力资本对适配性的影响较总体明显减弱，主要原因是由于划分区域后，区域内数据差异较总体大，降低了相关性。

总体而言门槛上地区的研发活动与企业创新活动带来了人力资本适配性的显著提高，而门槛下地区的人力资本适配性与其影响因素的相关性多不明显，总体来看仍然处于自发形成状态。但应注意的是这一区域的企业家型人力资本对人力资本适配性强于其他人力资本类型，值得关注。

表6-18　门槛上地区人力资本适配度与人力资本类型的相关性

|  | 总体适配度 | 专业化与管理型人力资本 | 研发型人力资本 | 企业家型人力资本 | 基础型人力资本 |
|---|---|---|---|---|---|
| 总体适配度 | 1 |  |  |  |  |
| 专业化与管理型人力资本 | 0.418 4 | 1 |  |  |  |
| 研发型人力资本 | 0.649 1 | 0.945 2 | 1 |  |  |
| 企业家型人力资本 | 0.358 7 | 0.299 2 | 0.477 8 | 1 |  |
| 基础型人力资本 | −0.481 2 | −0.996 1 | −0.970 1 | −0.359 7 | 1 |

表6-19　门槛下地区人力资本适配度与人力资本类型的相关性

| | 总体适配度 | 专业化与管理型人力资本 | 研发型人力资本 | 企业家型人力资本 | 基础型人力资本 |
|---|---|---|---|---|---|
| 总体适配度 | 1 | | | | |
| 专业化与管理型人力资本 | -0.105 9 | 1 | | | |
| 研发型人力资本 | 0.157 7 | 0.602 4 | 1 | | |
| 企业家型人力资本 | 0.299 6 | 0.504 0 | 0.308 7 | 1 | |
| 基础型人力资本 | 0.076 4 | -0.996 1 | -0.669 8 | -0.511 5 | 1 |

## 6.1.4　劳动力跨区流动

　　劳动力跨区流动对地区人力资本适配度的影响主要表现在两个方面：一是高素质劳动力流入与低素质劳动力流出使区域人力资本适配度提高，二是高素质劳动力流出与低素质劳动力流入使区域人力资本适配度下降。

　　由于区域流动适配指数涵盖了劳动力流动与流动效果指标，能够较为全面地反映劳动力跨区流动的状态，因此，观察区域流动适配指数与人力资本适配度之间的关系，大致能够反映出劳动力跨区流动对人力资本适配度的影响。

　　经计算，两变量相关系数为0.85，说明劳动力跨区流动在促进人力资本适配度形成上有着非常重要的作用，但分区域来看却有着明显的差异。门槛上地区人力资本适配度与劳动力流动的相关系数为0.682 7，二者显著相关，而门槛下地区相关系数却只有0.117 9，二者几乎没有相关性。

　　由此看来，门槛上地区人力资本适配度的形成与其劳动力流动有着密切的联系。适配性较强的高素质劳动力流入，有助于人力资本适配度的提高。而门槛下地区人力资本水平较低的劳动力流动未带来有效人力资本积累，无益于人力资本适配度的提高。

### 6.1.5 制度变迁

制度变迁是中国经济高速增长的重要源泉，制度变迁所带来的经济活力和劳动力的重新配置势必对人力资本适配度产生深刻影响。

利用第四章所计算的制度变迁指数来衡量各地区市场化与对外开放的程度，并观察其与人力资本适配度的关系。总体来看，制度变迁指数与人力资本适配度高度相关，相关系数达到0.965 8。分区域来看，该相关性则有着显著差异。门槛上地区相关系数为0.883 8，而门槛下地区却只有0.595 0。因此，制度变迁总体上对人力资本适配度有着非常大的影响，但这种影响因地区差异而有所不同。在人力资本适配度较高的区域，制度变迁在提升人力资本适配度上发挥着更大的作用。由此说明人力资本适配度与制度变迁存在相辅相成的关系，跨越人力资本适配度门槛促进有效人力资本形成，才能与制度变迁形成良性互动。

## 6.2 门槛上地区人力资本适配性影响因素

对影响人力资本适配度的主要因素进行分析后，我们发现，在门槛上地区，几乎所有的影响因素都比较显著。但必须弄清的是，这些影响因素中哪些是更重要的影响因素？这些因素对人力资本适配度产生了多大的影响？为此，依据各影响因素的重要性和影响力度对人力资本适配度来源进行研究和分析。

根据影响人力资本适配度的主要因素，分劳动者受教育程度、人力资本投资、人力资本类型、劳动力流动和制度变迁五个板块，利用回归分析研究各板块对人力资本适配度的影响力度。

设回归模型如下式：

$$HF_i = \beta_0 + \beta_1 X_i + \varepsilon_i$$

$$(i = 1, 2, \cdots, 9) \qquad\qquad (6-1)$$

将各板块中的解释变量依次带入方程，进行回归得到输出结果，如表 6-20 所示：

表 6-20  门槛上地区人力资本适配度与影响因素回归结果汇总

| 解释变量 | 单位 | $\hat{\beta}_1$ | t 值（sig.） | F 值 | R |
|---|---|---|---|---|---|
| 一、劳动力受教育程度 | | | | | |
| 平均受教育年限 | 年 | 0.063 2 | 2.354 5 **（0.05） | 5.543 6 | 0.664 8 |
| 高中学历占比 | % | 0.014 1 | 2.691 9 **（0.03） | 7.246 3 | 0.713 2 |
| 大专及以上占比 | % | 0.008 1 | 2.364 0 **（0.05） | 5.588 5 | 0.666 3 |
| 初中及以下占比 | % | -0.009 5 | -1.902 6 *（0.10） | 3.619 8 | -0.583 8 |
| 二、人力资本投资 | | | | | |
| 1. 教育投资： | | | | | |
| 人均教育投资 | 千元 | 0.098 | 4.245 1 **（0.004） | 18.021 | 0.848 7 |
| 人均公共教育投资 | 千元 | 0.179 | 2.986 9 **（0.02） | 8.921 3 | 0.748 6 |
| 人均私人教育投资 | 千元 | 0.193 6 | 5.601 7 **（0.00） | 31.379 2 | 0.904 2 |
| 2. 培训投资： | | | | | |
| 人均培训经费 | 百元 | 0.071 3 | 4.235 8 **（0.004） | 17.942 4 | 0.848 1 |
| 3. 研发投资： | | | | | |
| 人均研发经费 | 千元 | 0.045 7 | 2.296 5 *（0.055） | 5.274 1 | 0.655 5 |
| 来源：政府资金 | 千元 | 0.007 3 | 1.689 8（0.13） | 2.855 4 | 0.538 3 |
| 企业资金 | 千元 | 0.121 | 2.761 7 **（0.03） | 7.626 9 | 0.722 1 |
| 金融机构 | 千元 | 0.000 4 | 0.304 4（0.769 7） | 0.092 7 | 0.114 3 |
| 主体：研发机构 | 千元 | 0.008 3 | 1.631（0.15） | 2.660 4 | 0.524 8 |
| 大中型工业企业 | 千元 | 0.144 8 | 1.570 3（0.16） | 2.465 8 | 0.510 4 |
| 高等学校 | 千元 | 0.003 9 | 2.297 1 *（0.055） | 5.276 7 | 0.655 6 |
| 4. 医疗保健投资： | | | | | |

表6-20(续)

| 解释变量 | 单位 | $\hat{\beta}_1$ | t值（sig.） | F值 | R |
|---|---|---|---|---|---|
| 人均医疗保健投资 | 百元 | 0.017 | 2.125 9 * (0.07) | 4.519 2 | 0.626 4 |
| 人均公共医疗保健投资 | 百元 | 0.041 7 | 2.474 9 ** (0.04) | 6.125 1 | 0.683 1 |
| 人均私人医疗保健投资 | 百元 | 0.025 7 | 1.749 7 (0.12) | 3.061 4 | 0.551 6 |
| 三、人力资本类型 | | | | | |
| 专业技术人员占比 | % | 0.014 9 | 1.219 0 (0.26) | 1.485 8 | 0.418 4 |
| 研发人员占比 | % | 0.074 1 | 2.258 2 * (0.06) | 5.099 6 | 0.649 2 |
| 企业家占比 | % | 0.588 9 | 1.016 7 (0.34) | 1.033 8 | 0.358 7 |
| 普通劳动者占比 | % | -0.013 1 | -1.452 1 (0.19) | 2.073 4 | -0.481 2 |
| 四、劳动力流动 | | | | | |
| 区域流动适配指数 | - | 0.434 1 | 2.472 3 ** (0.04) | 6.112 1 | 0.682 7 |
| 五、制度变迁 | | | | | |
| 制度变迁指数 | - | 0.538 2 | 4.997 0 ** (0.00) | 24.969 6 | 0.883 8 |

注：* 表示在0.1水平上显著，** 则表示在0.05的水平上显著。

回归结果显示，与人力资本适配度相关性最强的因素是教育投资，其次是企业对在职人员的培训投资，接下来依次是劳动者的受教育程度、研发投资、医疗保健投资和人力资本类型的影响。将各解释变量按其相关性进行排序，相关系数在0.8以上的依次为人均私人教育投资、制度变迁、人均教育投资和人均培训经费。相关系数较高，在0.7~0.8区间的依次有公共教育投资、企业研发投资、就业人员中具有高中学历的比重。相关系数在0.6~0.7区间的依次有公共医疗保健投资、劳动力流动、就业人员中具有大专及以上学历的比重、人均研发投资、高等学校研发投资、研发型人力资本占比和人均医疗保健投资。相关系数在0.5~0.6区间的依次有私人医疗保健投资、政府研发投资、研发机构投资和大中型工业企业研发投资。相关系数在0.5以下的有三个指标，一是专业化人力资本占比，二是金融机构提供的研发资金，三是企业家型人力资本占比。其回归系数均不显著，说明对人力资本适配度缺乏影响。值得注意的是有两个因素与人力资本适配度呈现显著的负相关关系，即就业人员中初中及以下学历比重和普通劳动者的比重。

从回归系数$_1$的大小可以看出这些因素对人力资本适配度作用力度。在所有影响因素中，制度变迁与劳动力流动对人力资本适配度影响最大，其中制度变迁对人力资本适配度起着更大的促进作用。但由于这两个变量都是指数形式，与其他影响因素单位不一致，因此难以与其他影响因素进行横向比较。除这两个因素外，排在前三位的分别是教育投资（包括私人教育投资与公共教育投资）、企业研发投资尤其是大中型工业企业的研发投资以及企业培训投资。其中教育投资中的私人教育投资对人力资本适配度的影响最大，人均私人教育投资每增长1 000元，人力资本适配度平均会增长0.193 6。其次是公共教育投资，人均公共教育投资每增长1 000元，人力资本适配度平均会增长0.179 3。这对于人力资本适配度的当前水平来看，这样的增长是相当可观的。第二位是企业研发投资，为0.121，不仅对人力资本适配度贡献较大，而且该系数在5%的水平上显著，是当前门槛上地区比较重要的人力资本适配度来源。其中大中型工业企业研发投资对人力资本适配度的边际贡献为0.144 8，对人力资本适配度的贡献虽然较大，但由于门槛上区域各省市在这一项投资上的差异较大，使其代表性下降。第三位是企业培训投资，每增长100元，会使人力资本适配度平均增长0.071 3，且显著性很强，即九个省市的企业在就业人员培训上的经费投入行为具有相似性。要注意的是，若按每增长1 000元计，人力资本适配度会平均增长0.713，应当是具有很高的贡献。但由于当前中国各省市企业的人均培训经费最高的才700多元，最低的才200多元，预计短期内人均培训经费难以有如此巨大的增长，因此，我们以百元为单位衡量其对人力资本适配度的贡献。与此相似的还有公共医疗投资和私人医疗投资，它们每增长100元，人力资本适配度分别平均增长0.041 7和0.025 7。这说明若能显著增加企业对在职人员的培训投入以及公共和私人的医疗保健投资，则人力资本适配度将会产生较大的增长潜力。

门槛上地区人力资本适配度的主要来源按重要性排序有教育投资，包括私人投资和公共投资、制度变迁、企业研发投资、企业对在职人员的培训投资、研发型人力资本的比重。与企业培训投资类似，医疗保健投资，包括公共医疗保健投资和私人医疗保健投资，若能有较快增长，将会对人力资本适配度产生较大的促进作用。

## 6.3 门槛下地区人力资本适配性影响因素

利用同样的方法寻找门槛下地区人力资本适配度的主要影响因素。建立门槛下地区人力资本适配度与各影响因素的回归模型，如6-1式所示。利用相关数据回归后，得到各因素对人力资本适配度的影响程度，通过对比找出门槛下地区人力资本适配度的主要来源。

表6-21 门槛下地区人力资本适配度与影响因素回归结果汇总

| 解释变量 | 单位 | $\hat{\beta}_1$ | t 值（sig.） | F 值 | R |
|---|---|---|---|---|---|
| 一、劳动力受教育程度 | | | | | |
| 平均受教育年限 | 年 | 0.019 5 | 2.168 5 ** (0.04) | 4.702 5 | 0.445 4 |
| 高中学历占比 | % | 0.003 7 | 1.503 6 (0.15) | 2.260 8 | 0.326 1 |
| 大专及以上占比 | % | −0.001 8 | −0.530 4 * (0.6) | 0.281 3 | −0.120 8 |
| 初中及以下占比 | % | 0.001 2 | 2.247 5 ** (0.04) | 5.051 3 | 0.458 3 |
| 二、人力资本投资 | | | | | |
| 1. 教育投资： | | | | | |
| 人均教育投资 | 千元 | 0.014 | 1.065 3 (0.3) | 1.134 9 | 0.237 4 |
| 人均公共教育投资 | 百元 | −0.010 1 | −2.136 8 ** (0.046) | 4.566 | −0.440 2 |
| 人均私人教育投资 | 百元 | 0.005 9 | 0.976 1 (0.34) | 0.952 8 | 0.218 5 |

表6-21(续)

| 解释变量 | 单位 | $\hat{\beta}_1$ | t 值（sig.） | F 值 | R |
|---|---|---|---|---|---|
| 2. 培训投资： | | | | | |
| 人均培训经费 | 百元 | -0.038 9 | -1.546 0（0.14） | 2.390 1 | 0.334 3 |
| 3. 研发投资： | | | | | |
| 人均研发经费 | 百元 | 0.063 6 | 1.129 2（0.27） | 1.275 1 | 0.250 8 |
| 来源：政府资金 | 百元 | 0.01 | 0.866 8（0.40） | 0.751 3 | 0.195 |
| 企业资金 | 百元 | 0.006 2 | 0.706 1（0.49） | 0.498 6 | 0.159 9 |
| 金融机构 | 百元 | 0.118 6 | 1.540 3（0.14） | 2.372 4 | 0.333 2 |
| 主体：研发机构 | 百元 | 0.017 5 | 1.233 6（0.23） | 1.521 8 | 0.272 3 |
| 大中型工业企业 | 百元 | 0.003 4 | 0.367 5（0.71） | 0.135 | 0.084 |
| 高等学校 | 百元 | 0.038 6 | 1.335 9（0.20） | 1.784 6 | 0.293 |
| 4. 医疗保健投资： | | | | | |
| 人均医疗保健投资 | 百元 | -0.003 2 | -0.507 5（0.62） | 0.257 6 | -0.115 7 |
| 人均公共医疗保健投资 | 百元 | -0.028 2 | -2.324＊＊（0.03） | 5.401 1 | -0.470 5 |
| 人均私人医疗保健投资 | 百元 | 0.004 1 | 0.534 2（0.60） | 0.285 3 | 0.121 6 |
| 三、人力资本类型 | | | | | |
| 专业技术人员占比 | ％ | -0.002 1 | -0.464 1（0.65） | 0.215 3 | -0.105 9 |
| 研发人员占比 | ％ | 0.026 6 | 0.695 7（0.495） | 0.484 | 0.157 6 |
| 企业家占比 | ％ | 0.476 0 | 1.368 6（0.19） | 1.873 1 | 0.299 6 |
| 普通劳动者占比 | ％ | 0.001 5 | 0.354 6（0.73） | 0.125 7 | 0.081 1 |
| 四、劳动力流动 | | | | | |
| 区域流动适配指数 | - | 0.063 2 | 0.489 5（0.63） | 0.239 6 | 0.117 9 |
| 五、制度变迁 | | | | | |
| 制度变迁指数 | - | 0.525 7 | 2.973 8＊＊（0.01） | 8.843 6 | 0.585 0 |

注：＊表示在0.1水平上显著，＊＊则表示在0.05的水平上显著。

由于门槛下地区的人力资本适配度较低，最高的四川还不到0.29，最低的贵州只有0.15，因此其人力资本在产出、配置和获取报酬的能力上都非常欠缺，与现代经济增长的要求极不协调。回归结果显示，与门槛上地区不同，门槛下地区人力资本适配度与大多数影响因素都呈现不相关或甚至显著负相关关系。

根据回归结果，对门槛下地区人力资本适配度带有负面影响的因素有6个。按显著性排序影响最大的三个因素是公共医疗投资、公共教育投资和企业培训投资，都具有较为明显的负相关关系，这与门槛上地区形成了鲜明的对比。从影响力度来看，企业培训投资对人力资本适配度的负面影响最大，人均培训经费每增长 100 元，人力资本适配度平均下降 0.038 9；其次是公共医疗投资，每增长 100 元，人力资本适配度平均下降 0.028 2；公共教育投资的增长则平均使人力资本适配度下降 0.01。

再观察正向影响因素。按显著性从大到小的顺序，与门槛下地区人力资本适配度正向相关性较强的首先是制度变迁。尽管与门槛上地区相比其显著性明显较低，但仍然是该区域人力资本适配度形成中最重要的影响因素。其次是劳动者的受教育程度，其中初中及以下学历劳动者的比重相关性最强，劳动力的平均受教育年限与人力资本适配度也有较显著的正向相关。在不够显著的因素中，相关性稍强的有金融机构研发投资和高中学历劳动者的比重，其余因素的相关性则非常不明显。具有显著影响的因素从影响力度上比较，平均受教育年限影响最大，每增长 1 年人力资本适配度平均上升 0.019 5，其次是具有初中及以下学历劳动者的比重每增长 1% 人力资本适配度平均上升0.001 2。

在所有因素中，最不显著的是人力资本类型、研发投资与劳动力流动。门槛下地区的人力资本适配度与研发型人力资本和专业化人力资本积累极不相关，研发投资水平低，同质劳动力流动无益于人力资本积累。

综上所述，制度变迁对门槛下地区有着较大的促进作用，但由于劳动力素质低下，缺乏人力资本投资和高素质人力资本的流入，使得人力资本适配度处于较低水平。人力资本适配性影响因素分析表明，加快市场化进程，提高劳动者受教育程度，加大人力资本投资，促进高素质人力资本的流入是门槛下地区提高人力资本适配性的当务之急。

## 6.4　本章主要结论

　　本章从劳动力受教育程度、人力资本投资（包括教育投资、培训投资、研发投资以及医疗保健投资）、人力资本类型、劳动力流动和制度变迁五个方面对影响人力资本适配性的主要因素进行了识别。对处于人力资本适配度门槛上地区和门槛下地区的研究表明：

　　（1）制度变迁在两区域人力资本适配性培养上都起着非常重要的作用，但门槛上地区受制度变迁的影响更大。重视提高市场化与对外开放程度将有助于人力资本积累与人力资本适配度的快速提高。

　　（2）劳动力受教育程度对两区域人力资本适配性都有着显著的影响，但影响方式却完全不同。门槛上地区的高中学历劳动者在经济增长中发挥着重要的作用，门槛下地区则主要是依靠初中及以下的低学历劳动者，两个地区的劳动力受教育年限差距最大的达到 5 年。

　　（3）人力资本投资在两区域表现出截然不同的作用。门槛上地区人力资本投资对人力资本适配度有显著的提升作用，尤其是私人教育投资和企业培训投资所起的作用非常明显。研发投资尤其是企业的研发投资在该区域也有较大的贡献。而门槛下地区的人力资本投资对人力资本适配性并无明显影响，其中公共教育投资和企业培训投资甚至产生了较大的负影响。分析其原因有四：一是其教育质量和培训水平相对较低，未能起到促进高水平人力资本积累的作用；二是其公共教育投资主要用于基础教育，对提升劳动者的职业技能和知识层面所起的作用有限；三是企业培训投资低，未重视和促进在职人员的能力发展，人力资本积累缓慢；四是高素质人才外流也容易导致教育培训投资效率低下，使教育和培训投资风险加大，制约教育培训投资的增长。

（4）从人力资本类型来看，门槛上地区的研发型人力资本对其人力资本适配性的形成有着较大的影响，对经济增长有较强的促进作用。而门槛下地区则主要依靠基础型人力资本，这一区域人力资本适配性处于自发生成状态。

（5）劳动力的跨区流动对两区域人力资本适配性形成的影响也有着本质的区别。门槛上地区劳动力流动与人力资本适配性有着较强的正向影响，而门槛下地区却无此相关性。这说明门槛上地区对劳动力有着较高的人力资本要求，通过劳动力流动带动了人力资本积累与适配能力的提高；与之相反，门槛下地区对劳动力的人力资本需求较低，低素质劳动力的流动未能有效促进人力资本积累。

因此，人力资本适配度门槛以上的地区已经走上了依靠高素质劳动力实现经济增长的道路，其人力资本形成与人力资本投资密切相关。而人力资本适配度门槛以下的地区主要依靠低素质劳动力，人力资本形成还处于自发状态。由于人力资本适配性的培养跟特定的经济增长阶段、经济结构、制度变迁都有着相互制约相互促进的关系，因此，对于经济增长路径迥异的两个区域，应当根据其经济增长阶段、经济结构以及制度变迁的现状制定不同的人力资本适配度发展目标。并针对其主要问题和症结提出切实可行的对策措施，提升其人力资本适配性，促进两区域向更高级的经济增长阶段转变。

# 第七章
# 中国人力资本适配性
# 培养模式与对策建议

对人力资本适配性影响因素的辨析表明，人力资本适配度门槛以上的地区与门槛以下的地区有着不同的人力资本形成规律。造成这种差异的直接原因是劳动力素质、人力资本投资（包括公共及私人教育投资、公共及私人健康投资、企业培训投资、地区研发投资）、人力资本类型、劳动力流动以及制度变迁的影响。而根本上则是由于两区域处于不同经济增长阶段进而形成不同经济增长路径所引起的。因此，本章将从地区经济增长阶段差异入手，分别探讨门槛上地区与门槛下地区的人力资本适配性培养模式，并提出相应的对策建议，以充分利用知识经济与全球化所带来的人才与技术外溢的有利条件，实现速度与效益兼顾、增长与结构优化同步、地区平衡协调发展的经济增长目标。

## 7.1　两区域经济增长阶段差异

### 7.1.1　两区域经济增长阶段总体判定

钱纳里和塞尔奎因（1989）在多国模型的基础上提出的"标准模式"是判定经济增长阶段最为常用的方法。此外，库兹涅茨的结构模式、罗斯托的经济增长阶段论也常被用来划分经济增长阶段。然而，要准确判断经济增长阶段却是一件比较困难的事情。因为所谓的"标准模式"本身也是对经济体发展过程中表现出的一般规律进行总结和归纳的成果，而各国各地区由于自然禀赋、人口素质、区位、机遇、历史沿革等种种原因使得增长轨迹各不相同。因此，对经济体增长阶段的判定是一个大致的估计，难以完全精确。为此，参照钱纳里—塞尔奎因的做法，用人均 GDP 取值来判定两区域的经济增长阶段，并列出各阶段所对应的结构特征，如表 7 - 1 与表 7 - 2 所示。

表 7 - 1　判定工业化阶段的钱纳里—塞尔奎因人均 GDP "标准模式"

| 工业化<br>阶段 | | 人均 GDP（美元） | | | |
| --- | --- | --- | --- | --- | --- |
| | | 1964 年 | 1970 年 | 1982 年 | 1996 年 |
| Ⅰ | 0 | | 100 ~ 140 | | |
| | 1 | | 140 ~ 280 | | |
| Ⅱ | 2 | 200 ~ 400 | 280 ~ 560 | 728 ~ 1 456 | 1 240 ~ 2 480 |
| | 3 | 400 ~ 800 | 560 ~ 1 120 | 1 456 ~ 2 912 | 2 480 ~ 4 960 |
| | 4 | 800 ~ 1 500 | 1 120 ~ 2 100 | 2 912 ~ 5 460 | 4 960 ~ 9 300 |
| Ⅲ | 5 | 1 500 ~ 2 400 | 2 100 ~ 3 360 | 5 460 ~ 8 736 | 9 300 ~ 14 880 |
| | 6 | 2 400 ~ 3 600 | 3 360 - 5 040 | 8 736 ~ 13 104 | 14 880 ~ 22 320 |

资料来源：H. 钱纳里，S. 鲁滨逊，M. 塞尔奎因. 工业化和经济增长的比较研究. 新一版. 吴奇，王松宝，译. 上海：上海三联书店上海人民出版社，1995：57。周叔莲，郭克莎. 中国工业增长与结构变动的研究. 北京：经济管理出版社，2000：131。

表 7 - 2　钱纳里和塞尔奎因的经济结构 "标准模式"（占 GDP%）

| 经济结构 | 人均收入（1980 年美元） | | | | | | |
| --- | --- | --- | --- | --- | --- | --- | --- |
| | 实际平均<br><300 | 预测值 | | | | | 实际平均<br>>4 000 c |
| | | 300 | 500 | 1 000 | 2 000 | 4 000 | |
| 1. 增加值结构<br>　农业<br>　采矿业<br>　制造业<br>　建筑业<br>　公用业<br>　服务业 | 48<br>1<br>10<br>4<br>6<br>31 | 39.4<br>5.0<br>12.1<br>4.4<br>6.7<br>32.4 | 31.7<br>6.6<br>14.8<br>4.9<br>7.4<br>34.6 | 22.8<br>7.7<br>18.1<br>5.5<br>8.1<br>37.8 | 15.4<br>7.5<br>21.0<br>6.1<br>8.8<br>41.2 | 9.7<br>6.1<br>23.6<br>6.7<br>9.3<br>44.7 | 7<br>1<br>28<br>7<br>10<br>47 |

表7-2(续)

| 经济结构 | 人均收入（1980年美元） | | | | | | |
|---|---|---|---|---|---|---|---|
| | 实际平均 <300 | 预测值 | | | | | 实际平均 >4 000 c |
| | | 300 | 500 | 1 000 | 2 000 | 4 000 | |
| 2. 消费结构 | | | | | | | |
| 私人消费 | 79 | 73.3 | 70.2 | 66.4 | 63.1 | 60.3 | 60 |
| 政府消费 | 12 | 13.6 | 13.5 | 13.7 | 14.4 | 15.4 | 14 |
| 投资 | 14 | 18.4 | 20.8 | 23.3 | 25.0 | 25.9 | 26 |
| 出口 | 16 | 19.3 | 20.7 | 22.6 | 24.5 | 26.4 | 23 |
| 进口 | 21 | 24.6 | 25.2 | 26.0 | 27.0 | 28.0 | 23 |
| 食品消费 | 39 | 38.7 | 34.5 | 29.1 | 23.9 | 18.9 | 15 |
| 3. 贸易结构 | | | | | | | |
| 出口 | 14 | 15.2 | 16.9 | 18.8 | 20.3 | 21.2 | 18 |
| 初级产品 | 13 | 13.9 | 14.9 | 15.2 | 14.1 | 11.8 | 7 |
| 燃料 | 3 | 4.8 | 6.3 | 7.3 | 7.2 | 6.1 | 2 |
| 其他 | 10 | 9.1 | 8.6 | 7.9 | 6.9 | 5.7 | 5 |
| 制成品 | 1 | 1.3 | 2.0 | 3.7 | 6.1 | 9.4 | 11 |
| 4. 劳动力结构 | | | | | | | |
| 农业 | 81 | 74.9 | 65.1 | 51.7 | 38.1 | 24.2 | 13 |
| 工业 | 7 | 9.2 | 13.2 | 19.2 | 25.6 | 32.6 | 40 |
| 服务业 | 12 | 15.9 | 21.7 | 29.1 | 36.3 | 43.2 | 47 |

资料来源：M. Syrquin, H. B. Chenery. Three Decades of Industrialization. The World Bank Economic Reviews, 1989: 1（3）: 152 - 153。其中第二产业增加值比重是由采矿业、制造业、建筑业和公用业数值加总得来。

　　学术界对中国经济增长所处阶段已基本达成共识，即总体上进入工业化中期。然而正如第四章研究所表明的，中国地区经济增长因人力资本能力的差异而出现低水平趋同和高水平趋异的现象。跨越了人力资本适配度门槛的地区与未过该门槛的地区在经济增长阶段和经济增长特征上有着本质的区别。因此，分别研究这两个区域的经济增长阶段和经济增长特征，有针对性地就两区域人力资本适配度形成提出建议显得更有价值。

　　根据麦迪森（2008）提供的历年汇率数据，将门槛上地区和门槛下地区的人均 GDP 按 1996 年的汇价折算成美元。2007
年门槛上地区人均 GDP 为 4 051.19 美元，门槛下地区人均 GDP
为 1 777.90 美元。与表 7-2 所示钱纳里和塞尔奎因的标准模式
相比较，门槛上地区的经济增长阶段大致处于工业化第二阶段
末期，正向工业化第三阶段过渡，属于以装备加工工业为主的
高加工度化阶段，并将逐步向以技术密集型加工工业为中心的
技术集约化阶段过渡。根据钱纳里和塞尔奎因对经济增长阶段
特征的描述，这一阶段第一产业比重将降低到 20% 以下，第二
产业比重迅速增长达到最大，约占 GDP 的 40% 以上，第三产业
比重稳步增长至 30% 以上。而门槛下地区则处于工业化第一阶
段末期，并逐渐向工业化第二阶段过渡的时期，即总体上仍然
处于以原料工业、基础工业为中心的重工业化阶段。但随着这
些地区经济增长阶段发生改变，进入工业化第二阶段，重工业
倾向将逐渐得到改变，并逐步向以装备加工工业为主的高加工
度化阶段过渡。

## 7.1.2　两区域经济增长特征及差异

为反映地区经济增长特征，主要从地区经济实力（人均
GDP）、地区经济增长要素投入（用资本、劳动力、人力资本投
资以及知识积累水平来衡量）和经济结构（包括地区产业结构、
就业结构以及需求结构）三方面进行分析。

表 7-3 列出了根据以上指标计算的门槛上与门槛下地区的
平均值及其差距。由于各地区人口、GDP 以及就业人口基数不
同，因此，在计算人均 GDP、劳均人力资本投资以及产业结构
和就业结构时均是采用以人口数或就业人数加权平均的方法，
以便使计算结果更为准确。

表 7 - 3　人力资本适配度门槛上地区与门槛下地区经济增长特征

| 指标 | 单位 | 门槛上地区 | 门槛下地区 | 差距 | 幅度（%） |
|---|---|---|---|---|---|
| 人均 GDP | 元 | 33 746.44 | 14 809.90 | 18 936.54 | 127.86 |
| 资本存量 | 亿元 | 33 047.99 | 14 068.73 | 18 979.26 | 134.90 |
| 资本 - 产出比 | - | 2.00 | 2.18 | - 0.18 | - 8.26 |
| 资本产出弹性 | % | 0.504 | 0.829 | - 0.325 | - |
| 平均就业人数 | 万人 | 2 761.61 | 2 317.13 | 444.48 | 19.18 |
| K/L | - | 11.97 | 6.07 | 5.90 | 97.19 |
| 劳均人力资本投资 | 元 | 6 973.38 | 3 384.66 | 3 588.72 | 105.03 |
| 劳动力平均受教育年限 | 年 | 9.52 | 8.13 | 1.39 | 17.01 |
| 劳动力产出弹性 | % | 0.461 | 0.219 | 0.242 | - |
| 知识积累指数 | - | 0.37 | 0.06 | 0.31 | |
| 产业结构： | | | | | |
| 第一产业 | % | 6.37 | 15.02 | - 8.65 | |
| 第二产业 | % | 51.64 | 48.55 | 3.09 | |
| 第三产业 | % | 41.99 | 36.43 | 5.56 | |
| 高技术产业 | % | 6.30 | 1.78 | 4.52 | |
| 就业结构： | | | | | |
| 第一产业 | % | 26.95 | 48.24 | - 21.28 | |
| 第二产业 | % | 36.20 | 21.80 | 14.40 | |
| 第三产业 | % | 36.84 | 29.96 | 6.88 | |
| 高技术产业 | % | 2.72 | 0.36 | 2.36 | |
| 三大需求： | | | | | |
| 最终消费 | % | 45.71 | 51.18 | - 5.47 | - |
| 其中：政府消费 | % | 28.70 | 28.48 | 0.22 | |
| 居民消费 | % | 71.30 | 71.52 | - 0.22 | |
| 资本形成 | % | 46.27 | 53.15 | - 6.88 | |
| 货物服务净出口 | % | 8.02 | - 4.34 | 12.36 | - |

　　计算结果表明人力资本适配度门槛上地区与门槛下地区在经济实力、要素投入和经济结构上都有着巨大的差异。

　　从经济实力上看，门槛上地区的人均 GDP 约为门槛下地区的 2.28 倍，绝对差距达到 18 936.54 元。从要素投入上看，门槛上地区的资本存量是门槛下地区的 2.35 倍，平均高 18 979.26 亿元；人力资本投资水平是门槛下地区的 2.05 倍，劳均人力资本投资比欠发达地区高 3 588.72 元；知识积累水平更是远远超过门槛下地区。从经济结构上看，门槛上地区的产业结构明显优于门槛下地区。第一产业比重比门槛下地区低 8.65%，第二产业比重差距不是很大，但第三产业比重比门槛下地区高 5.56%。从高技术产业产值比重来看，门槛上地区仍是远远超过门槛下地区。从三次产业的就业结构上来看，人力资本适配度门槛上地区第一产业就业比重比门槛下地区低 21.28%，第二产业和第三产业就业比重则比门槛下地区分别高 14.4% 和 6.88%。三次产业就业比重的差距说明人力资本适配度门槛下地区的就业结构远远落后于门槛上地区。

### 7.1.2.1　两区域经济增长的要素投入特征

　　（1）两区域资本产出弹性差异较大，人力资本适配度门槛下地区经济增长的资本推动特征明显。

　　表 7 - 3 表明，两区域中门槛下地区经济增长仍然处于投资推动为主阶段。与其他经济增长要素相比，资本在产出增长中的份额最大，资本产出弹性达到 82.9%。而门槛上地区的资本产出弹性显著下降，劳动力及人力资本产出弹性相对较高。Daniel Cohen 和 Mareeto Soto（2007）利用 Benhabib 和 Spiegel（97 国）、Pritchett（91 国）以及 Krueger 和 Lindahld（92 国）1960—1990 年的跨国数据估计了加入以受教育年限为人力资本变量的经济增长模型，并剔除了部分误差过大的国家。估计结果显示 1965—1985 年多国模型中资本产出弹性在 0.524～0.598

之间，1970—1990 年资本产出弹性在 0.516 ~ 0.596 之间。由此可见，门槛下地区经济增长的主要动力是资本的巨大投入。

（2）从技术水平上看，两区域资本—产出比非常接近（均在 2 左右），进一步表明在知识外溢条件下，以资本品为代表的技术水平差异越来越小。造成两区域资本存量巨大差异的主要原因是人力资本适配能力影响到区域的资本聚集能力。

通常资本—产出比被用来衡量经济增长中技术水平的高低，一般而言，资本—产出比会随着技术水平的提高呈现逐渐下降的趋势。与一些发达国家相比，中国的资本—产出比水平并不算高，技术水平也不低。即使是技术水平始终领先的美国，资本—产出比也并非一直下降，而是有所反复。如美国以现价计算的资本—产出比水平在 1929—1948 年间甚至上升到 8.2，此后到 1955 年下降到 4.7，都比我国目前的水平高。在库兹涅茨的研究中，英国从 1860—1958 年近百年间的资本—产出比也经历了升高、降低再升高的轨迹，其以现价计算的资本—产出比在 1921—1938 年间较低，为 3.4，其后又上升到 6.6（库兹涅茨，1989）。因此，在知识外溢的影响下，中国目前的技术水平并非落后，而各地区的技术水平差异更是在逐渐缩小。

根据王广友等（2005）关于中国东中西部 1990—2000 年资本—产出比的研究发现，东部的资本—产出比一直较为稳定，10 年间未有明显差别，而中部和西部的资本—产出比则经历了较快的下降过程。中部地区到 2000 年资本—产出比已经基本接近东部地区，而西部地区资本—产出比还处于下降过程中。这说明由于知识外溢的作用，以资本品质量来表示的两区域技术水平差异已逐渐消失，人力资本在经济增长中的重要性日益突出；具有较高人力资本适配度的经济较发达地区经济增长的质与量都明显强于欠发达地区。

（3）两区域劳动力投入绝对差距较小，正是由于人力资本适配性的较大差距使门槛上地区与门槛下地区的劳均资本拥有量以及劳均产出能力产生明显差异。

平均来看，门槛上地区各省份的劳动力投入比门槛下地区多 444.48 万人，超出门槛下地区就业人数的 19.18%，与资本投入相比差距明显较小。然而，对两区域的 K/L 比值进行计算和比较可知其差异较大，门槛上地区劳均资本为 11.97 万元，而门槛下地区仅为 6.07 万元，约为门槛上地区的一半左右。由此可见，人力资本适配度较高的地区由于劳动力有着更强的资本使用能力而使得劳均资本和劳均产出能力都高于门槛下地区。尽管门槛上地区的劳动力投入总量仍然高于门槛下地区，但与物质资本结合的效率更高，劳动力使用效率更高。因此，区域经济增长差距受劳动力投入量的影响越来越小，而人力资本适配性对地区经济增长的影响越来越明显。

（4）从人力资本投资与知识积累水平上看，门槛上地区远远高于门槛下地区。

如表 7-3 所示，门槛上地区劳均人力资本投资几乎是门槛下地区的 2 倍，而劳动力平均受教育年限则比门槛下地区高 1.39 年。其中北京和上海的劳动力受教育年限达到 11.77 年和 11.30 年，基本达到 12 年教育的水平，与世界中等发达国家接近。而门槛下地区中的甘肃和云南，劳动力受教育年限则分别只有 6.78 和 6.76 年，仅具备小学文化程度，与门槛上地区的差距高达 5 年以上。因此，人力资本适配度门槛上地区与门槛下地区的劳动力受教育程度差距巨大，在地区知识积累能力上，差距悬殊。

通过对两区域经济增长要素的表现进行分析和比较，我们认为资本投入仍将在较长时间内主导中国经济增长，但在人力资本适配度门槛之上的地区，资本投入的重要性下降较快；区域间由于资本品质提高而产生的技术进步差异已逐渐消失，人力资本积累在经济增长中的重要地位日益凸现；门槛上地区由于人力资本适配性较高而具备更多的有效人力资本，使得两区域经济增长水平和经济增长能力产生巨大差异。以上分析表明，在技术水平与劳动力投入相近的现实情况下，正是人力资本适配性的差异使门槛下地区陷入低水平增长的恶性循环，与门槛上地区的差距日益拉大。

7.1.2.2　两区域经济增长的结构特征

进一步将两区域的产业结构和就业结构与钱纳里—塞尔奎因的标准模式（表7-2）相比较来研究经济增长的结构特征，见表7-4。

表7-4　　　　与标准模式比较的两区域结构特征

| | 钱纳里—塞尔奎因结构模式 | | 区域 | |
|---|---|---|---|---|
| | 工业化Ⅰ阶段 | 工业化Ⅱ阶段 | 门槛上地区 | 门槛下地区 |
| 人均 GDP（1996 年美元） | 1 240~2 480 | 2 480~4 960 | 1 777.90 | 4 051.19 |
| 增加值结构： | | | | |
| 　第一产业（%） | 22.8 | 15.4 | 15.02 | 6.37 |
| 　第二产业（%） | 39.2 | 43.4 | 48.55 | 51.64 |
| 　第三产业（%） | 37.8 | 41.2 | 36.43 | 41.99 |
| 劳动力结构： | | | | |
| 　第一产业（%） | 51.7 | 38.7 | 48.24 | 26.95 |
| 　第二产业（%） | 19.2 | 25.6 | 21.80 | 36.20 |
| 　第三产业（%） | 29.1 | 36.3 | 29.96 | 36.84 |
| 产业错位度： | | | | |
| 　第一产业（%） | -28.9 | -23.3 | -33.22 | -20.58 |
| 　第二产业（%） | 20.0 | 17.8 | 26.75 | 15.44 |
| 　第三产业（%） | 8.7 | 4.9 | 6.47 | 5.15 |
| 支出结构： | | | | |

表7-4(续)

| | 钱纳里—塞尔奎因结构模式 | | 区域 | |
|---|---|---|---|---|
| | 工业化Ⅰ阶段 | 工业化Ⅱ阶段 | 门槛上地区 | 门槛下地区 |
| 私人消费（%） | 66.4 | 63.1 | 36.60 | 32.60 |
| 政府消费（%） | 13.7 | 14.4 | 14.60 | 13.10 |
| 投资（%） | 23.3 | 25 | 53.20 | 46.30 |
| 净出口（%） | -3.4 | -2.5 | -4.30 | 8.00 |

中国经济结构表现出高度工业化特征，第二产业的产值比重和就业比重都高于钱纳里和塞尔奎因的"标准结构"，尤其是产值比重，差距相当大。这是因为新中国成立之初选择了"赶超"的经济增长模式，举全国之力发展工业尤其是重工业，在相当长的时间里造成"重积累，轻消费"的发展模式，也使中国的产业结构和就业结构长期偏离正常轨迹。因此，中国的产业结构和就业结构中第二产业的比重一直偏高。其中，门槛上地区的第二产业产值比重平均达到了51.64%，而门槛下地区的第二产业比重也达到了48.55%。

在中国的工业化进程中，各地区第一产业产值比重下降得很快，门槛上地区的第一产业比重已经接近世界中等发达国家的水平，第三产业产值比重与标准模式也非常接近。从就业结构上看，两区域三次产业的就业比重与标准模式非常接近，较为符合工业化进程中劳动力从第一产业向二、三产业转移的一般规律。分区域来看，门槛下地区就业结构与标准模式相似性较强，而门槛上地区就业结构的工业化特征则更为明显。此外，中国消费率长期偏低，尽管两区域的政府消费比重与标准模式较为一致，但私人消费率却仅为标准模式的一半左右。与此相应，中国投资率长期高企，远远高于标准模式，其中门槛上地区投资率为46.3%，而门槛下地区投资率则高达53.2%。在净出口比重上，门槛下地区与标准模式相近，而门槛上地区的净出口则远远超过了标准模式。由此可见，跨越人力资本适配度门槛的地区经济外向度大，更多地承接国际分工，并通过对外贸易和经济合作获得比较利益，出口能力较强。

总体而言，门槛下地区即将进入工业化中期，而门槛上地区则开始向工业化末期转变。两区域由于处于不同的经济增长阶段，经济实力、要素投入和经济结构都有着显著的差异，因此，其经济增长路径与模式也大相径庭，由此带来对人力资本适配性的不同要求。

## 7.2 人力资本适配度门槛上地区人力资本适配性培养模式与对策建议

跨越人力资本适配度门槛的地区总体正处于工业化末期起始阶段，需要大力发展服务型经济、创新型经济和外向型经济，进而实现技术进步、结构优化、资源节约、人力资本得到充分配置和有效利用的经济增长目标。

然而，门槛上地区的人力资本适配度与经济增长目标的要求还有相当的距离。前面的分析已经表明，该区域人力资本的知识积累能力还非常薄弱，第三产业与高技术产业的发展明显滞后，人力资本的对外开放适配性还比较弱。鉴于该区域具备较好的人力资本基础，根据经济增长目标的要求，应当注重培养人力资本在技术进步与创新、产业结构升级和对外开放中的适配能力，用科技与技术创新活动引领人力资本适配性的养成，从而形成独具特色的"科技引领技术创新带动型"人力资本适配性培养模式。

## 7.2.1 "科技引领技术创新带动型"人力资本适配性培养模式

### 7.2.1.1 "科技引领技术创新带动型"人力资本适配性培养的含义

这一模式表明门槛上地区人力资本适配性培养的前提是以较高的科技水平为目标，通过加强区域科技创新与研发活动提高人力资本的知识积累能力，并带动该区域人力资本国际竞争力的提升，从而促成区域人力资本与"服务、创新、外向"型经济的契合。该模式的核心思路是以科技进步和技术创新带动人力资本适配性的提高。

### 7.2.1.2 人力资本适配性培养目标

（1）促进与科技进步和知识积累要求相适应的人力资本积累；

（2）促进研发型人力资本积累与人力资本类型结构的改善；

（3）促进高层次服务型人力资本积累与人力资本产业结构配置的改善；

（4）促进外向型人力资本积累，提高对外开放适应能力。

### 7.2.1.3 人力资本适配性培养路径

依据人力资本适配性发展目标，主要从内外两个方面提高人力资本适配度：

（1）对内，依托政府、企业、科研院所与高校，构建区域创新体系，促进人力资本适配度提升。

（2）对外，加强国际交流，"走出去"与"引进来"相结合，促进人力资本积累，提高人力资本国际竞争力。

## 7.2.2 对策建议

### 7.2.2.1 各级政府首先应在思想上高度重视区域人力资本适配度培养，努力构建有利于人力资本发挥的制度环境

这种制度环境表现在三个方面：一是出台政策，包括合理的人才政策、国家、企业与个人合理分担的人力资本投资政策、以科技创新为导向的产业发展政策等，引领人力资本形成；二是加强地区间的协调合作与信息共享，建立统一的劳动力大市场，保证人力资本流动与合理取酬；三是资源倾斜，通过提高人力、物力与财力投入等，提供切实的资源支持。

### 7.2.2.2 以提升企业自主创新能力为切入点引领人力资本适配性养成，建立以企业为主体，科研院所积极参与，国家重点扶持的研发创新体系

企业是从事生产经营活动的主体，是经济体的基本单位，也是创新与研发活动的主体。在一些人力资本水平较高的发达国家，企业往往是提升人力资本水平，促进国家创新体系健康发展的生力军。如美国、日本、德国等国家的企业，尤其是一些大型或巨型企业，在人力资本培养上都发挥着重大作用。因此，为实现科技创新引领人力资本适配性的形成与提升，企业尤其是大中型工业企业应重视科技进步与研发活动，加大研发投资，提升企业自主创新能力。

然而，企业自主创新能力的培养依赖于一定的外部环境和内在条件，离不开政府和其他研发机构的支持与协助。因此，各级科研院所和高校应加强对提高企业自主创新能力的路径及方法的研究，为提高企业自主创新能力提供必要的决策咨询和建议。但应注意的是，在培养企业自主创新能力的过程中，应始终坚持企业是主体、政府是支持者、科研院所是合作者。

7.2.2.3 配合人力资本适配性要求，致力于提高劳动力受教育水平，建立多层次多渠道相互衔接的教育与培训体系，并努力改善教育质量

劳动者人均受教育年限的提高以及高学历劳动力比重的增加对区域知识积累与创新能力有着重要影响。为适应技术进步与创新体系的要求，应当加强对劳动力的教育和培训。首先应整合教育资源，建立多层次多渠道且相互衔接的教育与培训体系。劳动力教育与培训层次大致包括正规教育、职业教育、成人教育、企业短中长期培训；教育与培训主体则大致包括各级学历教育机构、各级成人教育学校、职业技术学校、企业大学以及专业培训与咨询机构；教育与培训的经费来源大致包括国家及地方财政、企业专项基金、个人投入等。为此，企业应根据自身条件和实际情况，与各教育培训主体密切联系，制定劳动力教育与培训规划，合理分担教育与培训投入，对特别急需的高层次人力资本制定优惠的培养政策，整合教育资源，提供多角度全方位的教育培训机会。同时，促成各级教育培训的相互衔接，形成"阶梯"式教育培训体系。

其次，致力于"对教育者的教育"，加强对教育培训主体的管理和师资队伍建设，提高教育与培训质量。为此，首先需要对教育培训主体及教师逐级制定奖惩措施，以敦促学校尽可能提高教师素质，促使教师敬业爱岗努力提高业务能力，使教育培训在人力资本适配性养成中真正发挥作用。

7.2.2.4 加大人力资本投资，促进投资主体多元化，形成各有重点又相互补充的人力资本投资体系

与预期相反，门槛上地区人力资本投资总额占 GDP 的比重低于门槛下地区。从 GDP 支出结构来看，门槛上地区的政府支出比重也低于门槛下地区。因此，应加大对具有公共品性质的人力资本投资，如教育投资、医疗保健投资和研发投资。此外，

企业应增强与金融机构、高等院校、研发机构的合作，更多地获取金融机构的支持，进一步提高企业培训与研发投资。

7.2.2.5 加强国际交流与合作，制定有针对性、有吸引力、开放的人力资本培养政策

对于急需的国际化高层次人才可通过国外引进，或与国外教育培训机构合作进行联合培养。建立合理的激励与约束机制，鼓励劳动者参与国际交流学习，防止人才外流，逐步提高人力资本在对外开放中的适应能力。

## 7.3 人力资本适配度门槛下地区人力资本适配性培养模式及对策建议

即将进入工业化中期阶段的发展缓慢地区有着不同的经济增长目标和人力资本适配性发展目标。当前门槛下地区急需大力推进产业结构转换、加快农村劳动力转移、促进结构优化，为发展服务型经济做好准备。

门槛下地区人力资本水平低，适应能力差，难以与区域经济增长形成良性互动，造成"双低"的恶性循环。这一区域的经济增长，关键是要打破"人力资本陷阱"，跨越人力资本适配度门槛。在只能依靠现有人力资本的前提下，必须借助外力克服低水平人力资本适配度对经济增长的制约。

由于人力资本积累具有长期性和层级性，短期内难以有效提高人力资本水平。因此，改善人力资本结构成为这一区域尽快提高人力资本适配性的首选。而人力资本结构形式多样，可表现为劳动力在产业间、区域间的配置以及各层次人力资本的构成。库兹涅茨将产业结构看做所有结构变动的起点，因为

"对产业结构趋势的原因和后果的正确描述将构成对经济增长过程的写照"（库兹涅茨，1989）。由于门槛下地区经济实力弱，难以靠自己的力量摆脱恶性循环的束缚。因此，必须坚持以政府为主导，通过产业结构的调整与升级带动结构变化，促使门槛下地区跳出"人力资本陷阱"，让经济增长步入良性循环。

## 7.3.1 "政府主导产业变革推动型"人力资本适配性培养模式

### 7.3.1.1 "政府主导产业变革推动型"人力资本适配性培养模式的含义

这一模式强调两点：一是利用产业结构升级与转换产生的人力资本需求带动合适的人力资本供给，推动人力资本适配性的提高；二是政府必须在区域产业结构调整升级与持续推动人力资本适配性培养上发挥主导作用，统一制定科学合理的产业发展规划，加强对各地区产业结构转换与升级的指导，合理配置资源，避免一哄而上带来结构失衡与资源浪费。

### 7.3.1.2 "政府主导产业变革推动型"人力资本适配性培养目标

①提高人力资本的产业结构转换适配能力，使就业结构逐渐向与工业化阶段相适应的方向转变。

②带动人力资本区域流动配置能力的提升，有力促进人力资本在城乡间、地区间的合理流动，提高人力资本配置效率。

③带动人力资本对市场化适配能力的提升，提高劳动者创业能力，培养企业家精神。

### 7.3.1.3 "政府主导产业变革推动型"人力资本适配性培养路径

①利用产业结构调整与升级促进人力资本在三次产业与区

域间的流动和配置，促进人力资本适配性的提升。

②利用产业结构调整与升级带动市场化水平的提高进而促进人力资本适配能力的提高。

## 7.3.2 对策建议

### 7.3.2.1 政府积极主导，制定产业规划，加强直接管理与宏观调控，加大财政转移支付力度，促进产业结构调整与升级

产业政策的制定应视各地区具体的资源条件与经济基础进行统一规划，重点发展以就业为导向的劳动密集型产业。在产业结构调整过程中加强宏观指导和调控。由于门槛下地区经济实力较弱，应加大扶持力度，增加财政转移支付。此外，政府还应起到创造需求的作用，用经济手段引导各地区按照规划进行产业结构调整。

### 7.3.2.2 与产业结构调整升级相适应，制定政策改善人力资本状况，提高高层次人力资本比重

人才政策方面，如通过制定人力资本的行业准入政策、引进高层次人才的优惠政策、为本地高层次人才提供较好的福利待遇与工作环境等政策，吸引人才、留住人才，提高人力资本水平；人力资本投资政策方面，重点加大国家教育培训投入和医疗保健投入，并以法律法规的形式确保企业的员工培训投入。适当增加研发投入，提高产业技术含量，促进人力资本水平的提高。

### 7.3.2.3 政府牵头，大力发展多层次、多形式的职业技能教育与培训，培养"实用型"人力资本，促进劳动力就业与农村劳动力的有效转移

总体而言，职业技能教育培训主要可分为学历教育、技术等级培训与专项技能培训三个层次；根据教育培训内容与特点，又可分为短期、中期与长期教育培训；根据具体的教育培训方

式又可分为集中、远程与嵌入式教育培训。将多种教育培训类型相结合，培养表现为专项职业能力的"实用型"人力资本，灵活应对产业结构调整带来的人力资本需求，促进劳动力就业，是"产业结构带动型"人力资本培养模式的根本保证。

此外，门槛下地区农村劳动力比重较大，劳动力转移的需求较为强烈。然而农村劳动力知识和技能水平都处于弱势，劳动力转移难度较大，阻碍产业结构调整与升级。因此，加强农村劳动力职业能力的培养是门槛下地区人力资本适配性养成中的重要内容。为此，各级政府与教育机构应充分研究和关注因产业结构调整对农村劳动力职业能力提出的要求。坚持面向市场，注重职业技能教育与培训。同时注意结合当地产业结构转换的具体情况，转变教育和培训重心，分步骤分阶段，由易到难，由近及远，逐渐培养农村劳动力的人力资本适配能力。

7.3.2.4　通过政策倾斜与帮扶，鼓励和发展私营经济，培养企业家精神，增强经济活力，提高产业变革速度与效率，促使人力资本适配性的提高

已有研究表明，非国有经济尤其是私营经济具有较强的经济活力，表现在其需求导向型的经营策略。对市场需求的高度重视，对市场机会的高度敏感和市场策略的灵活性使私营企业能够在产业结构调整与升级中发挥非常重要的作用。此外，私营企业的快速发展对于人力资本适配度的提高也有着非常显著的促进作用。因此，在门槛下地区大力发展私营经济，促进劳动力在私营企业的就业和配置将是提高人力资本适配性的一个有效途径。然而，门槛下地区劳动者受教育程度相对较低，又多处于内陆地区，开放程度较低，信息闭塞，使得这些地区的劳动者思想保守、市场意识薄弱。需要政府制定相关政策激励和保护私营经济的发展，逐步培养该区域的企业家精神和劳动者的创业能力。

## 7.4 政府在人力资本适配性养成中的作用

从前面分析中可以看出，制度和政策在人力资本适配性养成中有着相当重要的作用，由此决定了政府在人力资本适配性养成中的基础性作用。即为人力资本适配性的培养创造条件、提供支持、奠定基础。总体而言，政府通过制度创新与政策法规的制定，对人力资本适配性养成起到行为导向、监督调控和平衡纠偏的作用。

### 7.4.1 政府的行为导向作用

政府利用公共政策促使行为主体按照政策导向安排自己的行为，以获取比较利益。在人力资本适配性养成中，政府的行为导向作用表现在对有利于人力资本适配性提高行为的激励与不利于人力资本适配性提高行为的约束。

两区域因人力资本适配性的不同要求而产生不同的导向重点。在人力资本适配度门槛上地区，政府的行为导向作用主要表现在积极引导知识积累、科技进步和强化企业人力资本管理。而在门槛下地区则主要表现为促进就业、促进劳动力转移和提高报酬。为此，需要制定不同的政策规范。门槛上地区重点关注继续教育奖励、企业培训投入最低限额、研发投入、高技术人才引进与培养、行业工资标准等政策法规，并借助严厉的惩罚措施以保证这些政策法规的落实。而门槛下地区则需要大力发展职业技能培训，并为劳动力流动以及私营经济的发展创造宽松的制度环境，同时通过制定合理优惠的人才政策促进人力资本积累与人力资本水平的提高。

## 7.4.2 政府的监督调控作用

对政策和法规的实施与执行效果进行经常性的检查、监督和调整，其与行为导向目的保持一致。政府的监督调控作用是行为导向作用的保证，没有经常的检查和监督就难以保证政策法规的执行。此外，更需要随环境和条件的变化对政策法规进行微调，以确保其导向功能的正确性和高效性。因此，政府要充分关注两区域在人力资本适配性养成中出现的不合理行为，如企业培训投入过低、公共教育效率低下、人才流失严重、职业技能培训严重脱节等，并针对这些行为进行规范和调整。

## 7.4.3 政府的平衡纠偏作用

为避免人力资本适配性的"马太效应"使人力资本区域配置结构恶化，政府必须加大对门槛下地区的政策倾斜力度。在教育资源的利用、资金投入、人才的引进和保护等方面制定更加有利和宽松的政策，引导教育、培训、研发等资源的投入，吸引人才，减缓人才外流，促进门槛下地区加快人力资本积累。

应当看到，政府的平衡纠偏作用对于两区域人力资本与经济增长的平衡发展有着非常重要的作用。尤其是在帮助门槛下地区跨越人力资本适配度门槛，加快对门槛上地区的追赶上将起到决定性的作用。

综上所述，政府通过制定政策法规改变制度条件来改变人力资本适配性培养的外部环境。合适的制度环境意味着政策法规的合理性与导向的正确性。好的政策和法规将形成明显有利于人力资本适配性培养的环境、条件和驱动力，引致国家、企业、家庭和个人形成有利于人力资本适配性培养的行为，这是任何一个企业或是家庭都无法做到的。因此，政府在人力资本适配性培养中的主导地位不可替代，不容动摇。但也应当看到，在不同的经济增长阶段和人力资本适配性水平上，政府所起的作用是不同的。对于门槛上地区，人力资本适配性培养以企业为主体，政府主要起支持作用，而在门槛下地区，政府却起着全面主导的作用。因此，政府要视具体情况适当发挥作用，既要避免"缺位"，又要避免"越位"，通过合理规划、适度指导与适时调节，创造有利于区域人力资本适配性培养的外部环境和内部条件，形成人力资本与经济增长良性互动的局面。

# 结　语

　　人力资本在经济增长中表现出的适配性与适配程度是衡量一个国家或地区经济增长过程中可有效利用的人力资本的相对水平。本书的研究表明，人力资本适配性能够有力解释中国经济增长相关问题，中国经济增长的区域非平衡性很大程度上受区域间显著的人力资本适配性差异影响。实证研究证实中国经济增长中存在人力资本适配度门槛效应，以此门槛为界所对应的两区域在经济增长与人力资本适配性上存在明显的"二元"结构现象，从而拉大了地区差距，进而影响到整体经济增长质量的提高和结构的优化。为此，根据两区域不同的经济增长阶段与经济增长目标及人力资本现状，选择了不同的人力资本适配性培养模式。其中，跨越人力资本适配度门槛的地区应着力构建"科技引领技术创新带动型"人力资本适配性培养模式，而人力资本适配度门槛以下的地区则应选择"政府主导产业变革推动型"人力资本适配性培养模式。书中强调了政府在人力资本适配性培养上的重要作用，并进一步明确了政府在两区域人力资本适配性养成中的不同定位。

　　由于反映人力资本适配性和适配度文献的欠缺，加上本书作者在理论和经验上的局限性，使本书在概念界定和理论框架的构建上还显稚嫩和单薄。由于时间的限制，在某些问题上还欠缺深入的思考，错误和遗漏在所难免。但以人力资本适配性来衡量有效人力资本供给的研究是有价值和有意义的。

　　经济增长任重而道远，人力资本培育尚需时日，唯愿我们的国家尽快走上科技进步、人民富足、国家强盛的康庄大道！

# 参考文献

安格斯·麦迪森. 中国经济的长期表现：公元 960～2030 年［M］. 武晓鹰，马德斌，译. 上海：上海人民出版社，2008.

阿尔弗雷德·马歇尔. 经济学原理（下册）［M］. 北京：商务印书馆，1981.

北京大学中国国民经济核算与经济增长研究中心. 中国经济增长报告（2008）——经济结构与可持续发展［M］. 北京：中国经济出版社，2008.

蔡昉. 中国二元经济与劳动力配置的跨世纪调整——制度、结构与政治经济学的考察［J］. 浙江社会科学，2000（5）.

陈钊，陆铭，金煜. 中国人力资本和教育发展的区域差异：对于面板数据的估算［J］. 世界经济，2004（12）.

陈浩. 人力资本对经济增长影响的结构分析［J］. 数量经济技术经济研究，2007（8）.

陈希，诸克军，刘花璐. 基于模糊综合评判的人力资本投入评价模型［J］. 统计与决策，2007（13）.

陈正伟. 综合评价方法及应用［M］. 香港：华夏文化艺术

出版社，2008.

方齐云，王皓，李卫兵，等. 增长经济学 [M]. 武汉：湖北人民出版社，2002：2.

樊瑛，张鹏. 中国人力资本对经济增长的作用的计量 [M]. 北京师范大学学报：自然科学版，2004，40 (6).

高洪深，杨宏志. 知识经济学教程 [M]. 二版. 北京：中国人民大学出版社，2002.

龚仰军. 产业结构研究 [M]. 上海：上海财经大学出版社，2002.

郭志仪，曹建云. 人力资本对中国区域经济增长的影响——岭估计法在多重共线性数据模型中的应用研究 [J]. 中国人口科学，2007 (4).

郭继强. 人力资本投资的结构分析 [J]. 经济学（季刊），2005，5 (3).

郭玉清，杨栋. 人力资本门槛、创新互动能力与低发展陷阱——对 1990 年以来中国地区经济差距的实证检验 [J]. 财经研究，2007 (6).

国家统计局，科学技术部. 2008 年中国科技统计年鉴 [M]. 光盘版. 北京：北京数通电子出版社，2008.

国家统计局，国家发展和改革委员会，科学技术部. 2008 年中国高技术产业统计年鉴 [M]. 光盘版. 北京：北京数通电子出版社，2008.

国家统计局人口和就业统计司，人力资源和社会保障部规划财务司. 2008 年中国劳动统计年鉴 [M]. 光盘版. 北京：北京数通电子出版社，2008.

国家统计局国民经济综合统计司. 新中国五十五年统计资料汇编：1949—2004 [M]. 北京：中国统计出版社，2005.

侯风云. 中国人力资本投资与城乡就业相关性研究 [M].

上海：上海三联书店上海人民出版社，2007.

侯亚非. 人口质量与经济增长方式 ［M］. 北京：中国经济出版社，2000：169.

胡鞍钢. 从人口大国到人力资本大国：1980—2000 年 ［J］. 中国人口科学，2002（5）.

胡永远. 人力资本与经济增长：一个实证分析 ［J］. 经济科学，2003（1）.

郝克明，丁小浩，窦现金. 建立和完善我国劳动者学习培训的体制与机制——我国企业员工和农村劳动者学习培训现状调查 ［J］. 教育研究，2005（2）.

何东霞，何一鸣. 制度变迁与经济增长——用制度变迁解释中国经济增长的各种理论模型综述 ［J］. 上海经济研究，2006（4）.

金玉国. 我国市场化进程的统计测度——从方法论角度对 90 年代研究成果进行的总结与比较 ［J］. 统计研究，2000，17（12）.

经济合作与发展组织. 以知识为基础的经济 ［M］. 杨宏进，薛澜，译. 北京：机械工业出版社，1997.

赖明勇，张新，彭水军. 经济增长的源泉：人力资本、研究开发与技术外溢 ［J］. 中国社会科学，2005，22（2）.

李宝元. 人力资本与经济增长 ［M］. 北京：北京师范大学出版社，2000.

李福柱. 人力资本结构与区域经济发展研究 ［D］. 大连：东北财经大学，2006.

李福柱，李忠双. 我国人力资本产业配置结构变动与调控研究 ［J］. 科学管理与研究，2008，26（2）.

李建民. 人力资本与持续的经济增长 ［J］. 南开经济研究，1999（4）.

李玲. 人力资本运动与中国经济增长 [M]. 北京：中国计划出版社, 2003.

李望坤. 经济增长理论与经济增长的差异性 [M]. 太原：山西经济出版社, 1998.

李晓青, 郑蓉. 基于熵权系数法的城市信息化测评研究 [J]. 情报杂志, 2007 (12).

李雪峰. 中国人力资本与内生经济增长——理论研究与实证分析 [D]. 西安：西北工业大学, 2006.

李秀敏. 人力资本、人力资本结构与区域协调发展——来自中国省级区域的证据的研究 [J]. 华中师范大学学报：人文社会科学版, 2007.46 (3).

李玉江. 区域人力资本研究 [M]. 北京：科学出版社, 2005.

李子奈. 计量经济学 [M]. 北京：高等教育出版社, 2000.

李忠民. 人力资本——一个理论框架及其对中国一些问题的解释 [M]. 北京：经济科学出版社, 1999.

李忠强, 黄治华, 高宇宁. 人力资本、人力资本不平等与地区经济增长：一个实证研究 [J]. 中国人口科学, 2005 (S1).

刘传江, 董延芳. 异质人力资本流动与区域经济发展——以上海市为例 [J]. 中国人口科学, 2007 (4).

刘海英, 赵英才, 张纯洪. 人力资本"均化"与中国经济增长质量关系研究 [J]. 管理世界, 2004 (11).

刘红, 唐元虎. 现代经济增长：一个制度作为内生变量的模型 [J]. 预测, 2001, 20 (1).

刘厚俊, 刘正良. 人力资本门槛与 FDI 效应吸收——中国地区数据的实证检验 [J]. 经济科学, 2006 (5).

刘晶. 人力资本与 FDI 技术外溢效应研究 [D]. 济南：山

东大学.

刘树成，张连城，张平. 中国经济增长与经济周期 [M]. 北京：中国经济出版社，2008.

刘迎秋. 论人力资本投资及其对中国经济成长的意义[J]. 管理世界，1997（3）.

陆根尧. 经济增长中的人力资本效应 [M]. 北京：中国计划出版社，2004.

卢现祥. 西方新制度经济学 [M]. 北京：中国发展出版社，2003.

卢中原，胡鞍钢. 市场化改革对我国经济运行的影响[J]. 经济研究，1993（6）.

巴罗，马丁. 经济增长 [M]. 何晖，刘明兴，译. 北京：中国社会科学出版社，2000.

索洛，等. 经济增长因素分析 [M]. 史清琪，等，译. 北京：商务印书馆，1991.

罗新华. 人力资本模糊综合测评研究 [J]. 中国物流与采购，2007（19）.

倪鹏飞. 中国城市竞争力报告NO. 2定位：让中国城市共赢 [M]. 北京：社会科学文献出版社，2004.

纳尔森. 经济增长的源泉 [M]. 汤光华，等，译. 北京：中国经济出版社，2001.

潘慧峰，杨立岩. 制度变迁与内生经济增长 [J]. 南开经济研究，2006（2）.

钱雪亚，章丽君，林浣. 度量人力资本水平的三类统计方法 [J]. 统计与决策，2003（10）.

钱纳里，鲁滨逊，塞尔奎因. 工业化和经济增长的比较研究 [M]. 新一版. 吴奇，王松宝，译. 上海：上海三联书店，上海人民出版社，1995.

沈利生，朱运法．人力资本与经济增长分析［M］．北京：社会科学文献出版社，1999.

施锡铨，范正绮．数据分析与统计建模——社科研究中的统计学方法［M］．上海：上海人民出版社，2007.

谭永生．人力资本与经济增长——基于中国数据的实证研究［M］．北京：中国财政经济出版社，2007.

唐家龙．知识竞争力与经济表现的经验分析——解析2005年全球知识竞争力指数报告［J］．科技进步与对策，2007，24（2）．

王广友，陈清华，方福康．中国分地区资本——产出比实证分析［J］．北京师范大学学报：自然科学版，2005，41（1）．

王健．转型与经济增长［M］．上海：复旦大学出版社，2008.

王金营．人力资本与经济增长：理论与实证［M］．北京：中国财政经济出版社，2001.

王良健，何琼峰．中国人力资本区域配置及其优化［J］．山西财经大学学报，2008（2）．

王瑞泽．制度变迁下的中国经济增长研究［D］．北京：首都经济贸易大学，2006.

王小鲁．中国经济增长的可持续性与制度变革［J］．经济研究，2000（7）．

王明杰，郑一山．西方人力资本理论研究综述［J］．中国行政管理，2006（8）．

王文博，陈昌兵，徐海燕．包含制度因素的中国经济增长模型及实证分析［J］．统计研究，2002，19（5）．

王治宇，马海涛．综合评价人力资本水平指标体系的构建［J］．统计与决策，2007（21）．

魏杰．引入人力资本概念是我国企业完善管理的关键［N］.

北京青年报, 2002 - 05 - 28.

魏立萍. 异质型人力资本与经济增长理论及实证研究 [M]. 北京: 中国财政经济出版社, 2005.

舒尔茨. 论人力资本投资 [M]. 吴珠华, 等, 译. 北京: 北京经济学院出版社: 1990.

西蒙·库兹涅茨, 戴睿. 现代经济增长 [M]. 易诚, 译. 北京: 北京经济学院出版社, 1989.

西蒙·库兹涅茨著. 各国的经济增长 [M]. 第二版. 常勋, 等, 译. 北京: 商务印书馆, 1995.

许学军. 技术进步、收入分配与人力资本形成——以东亚和拉美为例的分析及对中国问题的启示 [M]. 北京: 经济科学出版社, 2003.

徐文银, 范伟红. 韩国企业如何培训员工 [J]. 心理世界, 2007 (4).

亚当·斯密. 国富论 [M]. 第五版. 唐日松, 等, 译. 北京: 华夏出版社, 1930.

姚树荣, 张耀奇. 人力资本涵义与特征论析 [J]. 重庆社会科学, 2001 (2).

杨建芳, 龚六堂, 张庆华. 人力资本形成及其对经济增长的影响: 一个包含教育和健康投入的内生增长模型及其检验 [J]. 管理世界, 2006 (5).

杨蓉. 人力资源经济学 [M]. 北京: 中国物资出版社, 2001.

易纲, 樊纲, 李岩. 关于中国经济增长与全要素生产率的理论思考 [J]. 经济研究, 2003 (8).

袁荫棠. 概率论与数理统计 [M]. 北京: 中国人民大学出版社, 1989.

章安平. 内含制度因素的中国经济增长模型及实证分析

[J]. 统计与决策, 2005 (12).

张帆. 中国的物质资本和人力资本估算 [J]. 经济研究, 2000 (8).

张凤林. 人力资本理论及其应用研究 [M]. 北京: 商务印书馆, 2006.

张凤林. 人力资本思想的若干历史起源与发展 [J]. 辽宁大学学报: 哲学社会科学版, 2004, 32 (1).

张军, 吴桂英, 张吉鹏. 中国省际物质资本存量估算: 1952—2000 [J]. 经济研究, 2004 (10).

张俊莉. 西部地区产业结构与人力资本结构协同现状及对策研究 [J]. 甘肃社会科学, 2004 (3).

张维迎. 所有制、治理结构及委托—代理关系——兼评崔之元和周其仁的一些观点 [J]. 经济研究, 1996 (9).

张伟, 金玉国, 康君. 我国国民经济市场化进程的统计评价与实证分析 [J]. 中国软科学, 2005 (3).

张一力. 人力资本与区域经济增长——温州与苏州比较实证分析 [M]. 杭州: 浙江大学出版社, 2005.

张宇. FDI 技术外溢的地区差异与吸收能力的门限特征——基于中国省际面板数据的门限回归分析 [J]. 数量经济技术经济研究, 2008, 25 (1).

赵曙明, 吴慈生. 中国企业集团人力资源管理现状调查研究 (二) ——人力资源培训与开发、绩效考核体系分析 [J]. 中国人力资源开发, 2003 (3).

赵祥宇, 袁伦渠. 中国地区人力资本与经济发展的综合评价 [J]. 中国人力资源开发, 2006 (5).

中国人力资源开发研究会. 中国人力资源开发报告 2008: 中国人力资本状况评估 [M]. 北京: 中国发展出版社, 2008.

中国教育与人力资源问题报告组. 从人口大国迈向人力资

源强国 [M]. 北京：高等教育出版社，2003.

中国人力资源开发研究会. 中国人力资源开发报告 2008：中国人力资本状况评估 [M]. 北京：中国发展出版社，2008.

中国现代化战略研究课题组，中国科学院中国现代化研究中心. 中国现代化报告 2006——社会现代化研究 [M]. 北京：北京大学出版社，2006.

中国企业人力资源管理发展报告课题组. 中国企业员工培训现状调查 [J]. 职业技术教育，2007 (6).

中国国家统计局. 2008 年中国统计年鉴 [M]. 北京：中国统计出版社，2008.

周达军. 我国经济波动对增长的负面效应的实证分析[J]. 经济管理，2007 (14).

周德禄. 基于人口指标的群体人力资本核算理论与实证 [J]. 中国人口科学，2005 (3).

周其仁. 市场里的企业：一个人力资本与非人力资本的特别合约 [J]. 经济研究，1996 (5).

周叔莲，郭克莎. 中国工业增长与结构变动的研究 [M]. 北京：经济管理出版社，2000.

周天勇. 论我国的人力资本与经济增长 [J]. 青海社会科学，1994 (6).

周文斌. 论人力资源能力的区域异质性 [J]. 中国工业经济，2007 (10).

诸建芳，王伯庆，使君多福. 中国人力资本投资的个人收益率研究 [J]. 经济研究，1995 (12).

邹志红，孙靖南，任广平. 模糊评价因子的熵权法赋权及其在水质评价中的应用 [J]. 环境科学学报，2005，25 (4).

AGHION P, HOWITT P. A model of growth through creative destruction [J]. Econometrica, 1992, 60 (2).

CASTELLÓ A, DOMÉNECH R. Human capital inequality and economic growth [J]. The Economic Journal, 2001 (112).

ARROW, KENNETH J. The economic implications of learning by doing [J]. Review of economic studies, 1962, 29 (3).

LEEUWEN B V. Human capital and economic growth in India, Indonesia and Japan: A quantitative analysis, 1890 - 2000 [M]. Utrecht: Utrecht University Press, 2007.

DANIEL C, SOTO M. Growth and human capital: good data, good results [J]. Journal of Economic Growth . Springer Science + Business Media, LLC, 2007 (12).

GARY BECKER, KEVIN MURPHY. The division labor, coordination costs and knowledge [J]. Quarterly journal of Economics, 1992 (4).

GEOFFREY M H. Frank A. Petter (1863 - 1949): Capital (1930) [J]. Journal of Institutional Economics, 2008 (56).

SILVA. A Wage Based Measure of Regional Aggregate Human Capital [J]. European Regional Science Association. Working paper, 2004 (254).

MACDOUGALL G. The benefits and costs of private investment from abroad: a theoretical approach [ M ]. Economic Record, 1960.

BOWMAN, SCHULTZ. Denison, and the Contribution of 'EDS' to National Income Growth [J]. The Journal of Political Economy, Oct. 1964.

MIREILLE L, MÉRETTE M. Measuring human capital in Canada [C]. Department of Finance Canada, Working paper, 2000.

TRINH L, JOHN G, LES O. A forward - looking measure of the stock of human capital in New Zealand [M]. Manchester

School, 2005, 74 (5).

SYRQUIN M, CHENERY H B. Three decades of industrialization [J]. The World Bank Economic Reviews, 1989, 1 (3).

Wei Hui. Measuring human capital flows for Australia: a lifetime labour income approach [R]. Australian Bureau of Statistics, Research Paper 1351. 0. 55. 023, 2008.

ROMER P M. Endogenous technological change [J]. Journal of Political Economy, 1990, 98 (5).

LUCAS R E. Why doesn't capital flow from rich to poor countries? [J]. American Economic Review, 1990, 80 (2).

LUCAS R E. On the mechanics of economic development [J]. Journal of Monetary economics, 1988, 22 (3).

SHULTZ S W. The value of the ability to deal with disequilibria [J]. Journal of Economic Literature, 1975, 13 (3).

THOMAS V, Wang Yan, Fan Xibo. Measuring education inequality: Gini coefficients of education [C]. The World Bank, Policy Research Working Paper2525, 2001.

World Bank. KEI and KI Indexes. http: //info. worldbank. org/etools/kam2/KAM __ page5. asp [2009 - 06 - 11]

Wang Yan, Yao Yudong. Sources of China's economic growth. 1952 ~ 1999: Incorporating human capital accumulation [J]. China Economic Review , 2001, 14 (1).

Yang Xiaokai, BORLAND J. A microeconomic mechanism for economic growth [J]. Journal of political economy, 1991, 99 (3).

参
考
文
献

# 后　记

　　本书是在我博士论文的基础上修改而成的。当我终于为它画上最后一个句号时，心里真是百感交集，五味翻涌。漫长的写作不仅考验着我的脑力和体力，更考验着我的毅力。求学的艰辛让我对指引、帮助、支持我的恩师、朋友和家人充满了深深的感恩之心。

　　首先要感谢我的导师范秀荣教授。感谢恩师多年来的支持、鼓励、帮助和慈母般的关怀，给了我战胜困难的勇气和信心，使我能够坚持到今天。感谢恩师的悉心指导和耐心教诲，在论文选题、写作和修改的过程中无不凝结着恩师的智慧和心血。恩师渊博的学识和敏锐的思维时常给我以启迪，严谨的治学态度和严格要求使我不敢马虎。我还要深深感谢白志礼研究员在论文选题和写作过程中给予的指导和无私的帮助，使我始终能够把握正确的方向。两位恩师博学多思，宽厚睿智，豁达大度的学者风范是我永远学习的典范。

　　衷心感谢郑少锋教授的教诲与无私帮助，使我感受到来自又一位导师的温暖。衷心感谢西北农林科技大学经济管理学院的王忠贤教授、徐恩波教授、张襄英教授、王礼力教授、李录堂教授、姚顺波教授、霍学喜教授、陆迁教授、孟全省教授、姜志德教授、朱玉春教授、孔荣教授的教导和指点，使我增长了知识，拓宽了视野，为完成博士论文打下了坚实的基础。衷心感谢张雅丽副教授的建议和帮助，以及经济管理学院的冯西平老师和王军智老师为我所做的细致工作。

求学生涯是艰苦的，也是快乐的。感谢我的同窗好友们，谢谢有你们同在。尤其要感谢马晓旭博士、李竹梅博士、吴孟珠博士、邬雪芬博士、彭建仿博士、安建明博士、李嘉晓博士在生活和学习中给予我的大力帮助，感谢你们在博士论文写作和本书修改工作中的鼓励支持和宝贵意见。感谢余鲁博士、中国人民大学贺本岚博士的中肯建议，感谢重庆工商大学数学与统计学院的叶勇副教授在数据处理分析上的建议与支持。感谢王嘉硕士、陈畅在数据收集和整理上为我付出的艰苦劳动。

感谢我的朋友和同事，重庆工商大学数学与统计学院的领导和老师们对我的鼓励，在工作上的分担和支持，使我得以静心研究。

感谢我的爱人夏泉先生一直以来的鼓励和支持，这是我不断进步的动力和源泉。感谢我可爱的女儿夏菁阳，让我感受到无限的快乐和生命的意义。

深深地感谢我的父亲、母亲，他们的全心奉献与大力支持让我没有后顾之忧，使我能全力拼搏。

需要感谢的人太多太多，请原谅我未能一一列举，在此一并向您们致以深深谢意。

本书尝试从经济增长需求角度对中国人力资本状况进行评估，尽管已付出十分努力，但由于作者水平有限，书中还存在不少错误和遗漏之处，很多问题的研究还不够深入。恳请各位专家、学者批评指正。

当本书付梓之际，慈母般的恩师范秀荣教授因车祸已永远离我而去，谨以本书寄托我对她的深深怀念！

杨爽

中
国
经
济
增
长
中
的
人
力
资
本
适
配
性
研
究